조선의 부부에게 사랑법을 묻다

조선의
부부에게
사랑법을
묻다

정창권 지음

푸른역사

머리말

아직도 우리나라 사람들의 부부관은 너무 획일적이고 폭력적이다. 우리들은 부부란 길을 갈 때 나란히 손을 잡고 가야 하고, 날마다 밥도 같이 먹고 잠도 같이 자야 한다고 생각한다. 심지어 '부부는 일심동체'라고 하면서 상대방의 마음마저 소유하려 들기도 한다. 그래서인지 우리나라 부부들은 화가 나도 꾹 참고, 따로 자고 싶은데도 굳이 같이 자며, 귀찮고 싫은데도 억지로 팔짱을 끼고 가곤 한다. 그렇지 않으면 그 부부는 어젯밤에 서로 싸운 것이요, 근본적으로 궁합이 안 맞는 것이며, 언젠가는 헤어질 것이라고 등 뒤에서 수군거리기 때문이다.

조선시대 부부들의 삶과 사랑에 대해서도 왜곡된 인식을 많이 갖고 있다. 흔히들 주역의 음양 논리를 내세우며 조선시대만 해도 남자는 하늘, 여자는 땅이었다고 말하곤 한다. 하지만 《주역》에서 말하는 하늘과 땅은 높고 낮음의 상하 관계가 아니라 서로 대등한 관계를 말한 것이었다.

또 옛날 남자들은 마치 〈양반전〉의 양반처럼 집안일엔 전혀 신경 쓰지 않았다고 생각한다. 그러나 일기나 편지, 문집 등을 보면 조선시대 남자들은 날마다 농사일이나 상업 활동, 자녀 교육, 노비 관리 등에 골몰하며 적극적으로 집안일을 했다. 만약 집안일에 조금이라도 소홀히 하면 아내의 핀잔은 물론이요, 우리가 상상하기 어려울 정도로 신랄한 부부싸움이 벌어지기도 했다.

더 나아가 조선은 유교 사회로 부부관계가 대단히 남성 중심적이고 권위적이었으며, 부부사랑도 매우 조심스럽고 인색했을 것으로 생각하고 있다. 하지만 조선시대 부부들도 나름대로 '멋진 사랑'을 했다. 비록 현대 사람들처럼 겉으로 요란하고 떠들썩하게 하지는 않았지만, 그들 역시 은근하면서도 깊은 사랑을 나누었다.

이 책은 그러한 조선시대 부부들의 삶과 사랑을 통해 부부란 과연 무엇이고, 어떻게 서로 더불어 살아가야 하는지를 자세히 살펴본 것이다. 특히 양성평등의 입장에서 부부관계가 돈독했던 열 쌍의 사례를 집중적으로 살펴보고자 한다. 조선 중기의 이황, 송덕봉, 원이 엄마 부부, 안민학 부부 등과, 조선 후기의 이광사, 박지원, 이빙허각, 심노숭, 김삼의당, 김정희 부부 등이 그것이다. 물론 이들 부부의 삶과 사랑이 조선시대의 일반적인 모습은 아니었다. 우리는 다만 그들을 통해 조선시대 부부관계의 근본 원리, 즉 이상적인 부부상을 살펴보고자 하는 것이다.

이 책에서는 스토리텔링 형식으로 쉽고 재미있게 부부 이야기를 들려주고자 한다. 특히 정 교수와 이 기자라는 가상의 인물이 조선시대로 떠나 해당 부부들을 직접 만나 얘기를 듣는다는 이른바 '역사 인터뷰'라는 독특한 서술 방식을 취하고 있다. 얼핏 보면 황당한 설정일 수도 있지만, 그로 인해 당시 사람들의 실제 모습이나 생활, 공간, 의식 등을 더욱 생생하고 입체적으로 이해할 수 있기 때문이다. 또 기존 역사서의 단조로운 설명형 서술 방식보다 훨씬 다양하고 깊이 있는 얘기들을 들을 수도 있다.

아무쪼록 이 책이 우리 선조 부부들의 삶과 사랑에 대해 새롭게 인식하는 데 조금이나마 도움이 되었으면 싶다. 또 앞으로 결혼을 앞둔 예비부부나 한창 갈등을 겪고 있을 부부 초년생들, 오랫동안 함께 살아 이젠 서로의 존재감마저 무감각해진 중년과 노년 부부들, 기타 결혼과 부부의 역사에 대해 관심 있는 분들에게 작은 깨달음이나마 주었으면 싶다.

2015년 2월
태정泰井 정창권

차례: 조선의 부부에게 사랑법을 묻다

"똑똑."

"예. 들어오세요."

"안녕하세요, 정 교수님. 얼마 전에 전화드렸던 모 잡지사의 이 기자입니다."

이 기자는 검은색 뿔테 안경에 정장 차림을 하고 네모난 서류 가방을 어깨에 멘 어딘지 모르게 깐깐하게 보이는 커리어우먼이었다.

"어서 오세요. 그렇잖아도 전화받고 기다리고 있었습니다."

서로 인사를 나눈 정 교수는 연구실 창가에 놓인 다기 세트를 가져와 찻물을 끓이기 시작했다.

"조선시대 사람들의 사랑 이야기에 대한 특집 기사를 써 보고 싶다고요? 그것도 10여 회 정도로 장기 연재를 하고 싶다고……?"

"예. 요즘 날이 갈수록 우리들의 사랑이 너무 가벼워지고 있다는 느낌입니다. 자유연애 시대라는 이유로 사람들이 만나고 헤어지는 것을 너무 쉽게 하고 있다는 것이죠. 실제로 요즘 20대 커플의 평균 연애 기간은 100일 이내라고 합니다. 또 2013년만 해도 우리나라 사람들은 33만 쌍이 결혼해서 무려 11만 쌍이 이혼했다고 하고요. 요즘 사람들이 만남과

헤어짐을 너무 쉽게 생각하고 있다는 것입니다. 이러한 상황에서 조선시대 사람들의 사랑 이야기를 들어 보며 오늘날 우리들의 사랑관에 대해 다시 한 번 생각해 보면 어떨까 싶습니다."

"음, 아주 좋은 생각이네요. 허나 그건 이미 많은 논의가 이루어져서 너무 진부한 주제가 아닐까요? 또 조선시대 사람들의 사랑은 오늘날과는 많이 달랐습니다. 그 시대 사람들은 연애가 아닌 중매로 인연을 맺었고, 사랑을 키워 가는 것도 결혼 전이 아닌 부부가 된 이후부터였죠. 다시 말해 조선시대 사람들의 사랑은 바로 '부부사랑'이었다는 말입니다."

"아니, 그게 오히려 더 재미있는 이야기일 듯한데요. 요즘 우리들은 주로 결혼 전 사랑만 따지고 있습니다. 각종 매체에서 온통 결혼 전 사랑 이야기만 다루고 있기 때문이죠. 근데 결혼 전 사랑은 고작해야 몇 년에 불과하지만, 결혼 후 사랑은 수십 년에 걸쳐 이루어집니다. 즉, 결혼 후 사랑이 더욱 중요하다는 것이지요. 고로 우린 조선시대 부부사랑에 대해 집중적으로 살펴봤으면 해요. 당시 부부란 무엇이었고, 어떻게 더불어 살아갔으며, 이상적인 부부상은 과연 어떤 것이었는지 자세히 살펴보는 것이죠. 그래서 오늘날 부부사랑에 대해 다시금 생각해 보고, 앞으로 우리는 과연 어떻게 부부사랑을 해야 하는지 알아봤으면 합니다. 일종의 옛것을 미루어 새것을 안다는 '온고지신溫故知新'이라고 해야 할까요?"

이윽고 찻물이 보글보글 끓자, 정 교수는 노란 국화차를 타서 함께 나누어 마시며 얘기를 계속했다.

"듣고 보니 조선시대 사람들의 부부관계나 부부사랑에 대해서도 한

번쯤 자세히 살펴볼 필요가 있는 듯하네요. 최근 방송사마다 부부 관련 프로그램을 많이 제작하고 있습니다. 하지만 대부분 연애나 결혼, 성, 불륜, 폭력 같은 흥미 위주의 이야기에 그칠 뿐, 정작 부부란 무엇으로 살아가는지에 대한 이야기는 별로 들을 수 없습니다. 사실 우리 인류는 끊임없이 결혼하여 부부를 이루어 살아왔지만, 어느 누구도 그에 대해 깊이 있고 속 시원한 답변을 들려준 적은 없었습니다.

우리는 조선시대 부부관계에 대해 잘못 인식하고 있는 부분이 많습니다. 특히 조선은 유교 사회로 부부관계가 대단히 남성 중심적이고 권위적이며, 심지어 폭력적이었을 것으로 생각하고 있죠. 하지만 조선시대 부부들은 예禮를 중시하는 유교의 가르침에 따라 늘 서로를 배려하고 존중했습니다. 그리고 부부간 소통을 매우 중시해서 평소에도 끊임없이 시나 편지를 주고받으며 서로의 마음을 나누었습니다. 그뿐만 아니라 우리들의 일반적인 인식과는 달리 그들은 의외로 자연스럽게 사랑을 표현하며 다정다감한 부부생활을 했습니다. 그리하여 결국 지우知友, 곧 나를 알아주는 친구요, 더 나아가 서로를 키워 주는 '인생 동료'가 되고자 했습니다."

정 교수의 색다른 얘기에 깊은 인상을 받은 이 기자가 다시 물었다.

"와, 정말 기막힌 사실인데요! 뭔가 특종을 잡은 느낌이에요. 그럼 조선시대 부부사랑은 어떻게 살펴볼 수 있을까요?"

"예, 시대와 인물을 고려해서 최대한 객관적으로 살펴봐야 할 듯해요. 대체로 조선시대는 가부장제의 정착 여부에 따라 조선 전·중기와 후기로 나눌 수 있습니다. 또 대상은 양성평등의 입장에서 아름다운 부부사랑을 나누웠던 인물들을 선정하면 될 듯하고요. 물론 우리는 그러한 긍정적 측면의 부부관계뿐 아니라 부부싸움이나 가정 폭력, 이혼 같은 갈등적 측면도 함께 살펴봐야 할 것입니다. 그래야만 조선시대 부부사랑을 좀 더 다양하고 깊이 있게 살펴볼 수 있기 때문이지요."

그에 더하여 이 기자가 한 가지 재미있는 설정을 제안했다.

"교수님. 그와 함께 우리는 비록 가상이지만 조선시대로 역사 인터뷰를 떠나 해당 인물들과 직접 만나 얘기를 들어 봤으면 좋겠습니다. 시공을 초월하여 그분들과 만나 부부관계나 부부사랑에 대해 들어 보는 것이죠. 그럼 지금까지의 설명적인 서술 방식보다 훨씬 생생하고 입체적으로 역사를 이해할 수 있을 듯해요."

"그것 참 좋은 생각입니다. 우리는 좀 더 상상력을 발휘해서 '역사 인터뷰' 형식의 서술 방식을 시도해 보기로 합시다."

"예, 교수님! 그럼 다음 주부터 매주 한 번씩 조선시대로 역사 인터뷰를 떠나기로 해요."

이 기자는 벌써 기대가 되는지 몹시 들뜬 표정으로 잡지사로 돌아갔다.

이 황 ⊙ 안동권씨

과연 군자다운 남편이었다

퇴계 선생은 낮엔 의관을 차리고 제자들을 가르쳤지만, 밤에는 부인에게 꼭 토끼와 같이 굴었다. 그래서 '낮 퇴계 밤 토끼'라는 말이 생겨났다.

부부의 역사

첫 번째 역사 인터뷰를 떠나던 날, 이 기자는 일찌감치 연구실로 찾아와 자리에 앉지도 않은 채 서성대고 있었다. 첫날이라 그런지 얼굴에는 긴장한 표정이 역력했다. 하지만 정 교수는 역사 인터뷰를 떠날 준비가 아직 끝나지 않았는지 책상 앞에 앉아 뭔가를 열심히 정리하고 있었다. 정 교수도 비록 여성사를 오랫동안 연구해 왔지만 부부의 역사를 다루기는 이번이 처음이라 긴장되기는 마찬가지였다. 그때 혼자서 서성대고 있던 이 기자가 갑자기 고개를 들어 정 교수를 향해 물었다.

"근데 교수님은 언제부터 여성사를 연구하기 시작했나요?"

"하하하, 별게 다 궁금한가 보네요! 1996년 박사과정에 들어가면서부터 시작했으니까 벌써 20여 년이 다 되어가네요."

"그때는 아직 여성사가 불모지나 다름없을 땐데, 어떻게 해서 여성사를 연구하게 되었나요? 그것도 여성도 아닌 남성 학자가 말이에요?"

"예. 당시만 해도 남자가 부엌에 들어가면 거시기(?)가 떨어진다고 말하던 시대였죠. 남성 학자 중 여성사 연구자도 거의 없었고요. 사실 내가 여성사를 연구하게 된 계기는 아주 소박했습니다. 당시 나는 결혼해서 딸 하나를 두고 있었는데, 여성의 세계를 알면 조금이나마 부부싸움을 덜할 수 있을 듯했고, 딸의 미래를 위해서라도 남녀 간 불평등한 세상을 조금이나마 해결하고 싶었습니다. 또 한번은 대학원 도서관에서 허난설헌의 시를 읽다가 주변에 사람이 있는 줄도 모르고 펑펑 울고 말았습니다. 한恨의 정서를 표현해 놓은 줄만 알았던 허난설헌의 시가 다시 읽어 보니 하늘과 땅, 인간, 그리고 나와 이웃, 궁궐 등 세상의 모든 것을 표현한 엄청난 에너지를 가진 작품이었던 거예요. 그때부터 나는 여성 문제에 깊은 관심을 갖고 여성학이나 여성사, 여성 문학 등을 집중적으로 공부했습니다. 이후 나는 3년 동안 페미니즘 연구를 진행했고, 박사 논문도 《완월회맹연》이란 장편 여성 소설을 주제로 썼으며, 한국여성문학학회에서 수년간 연구이사를 지냈습니다. 박사 졸업 후에도 나는 미암 유희춘의 《미암일기》를 토대로 조선 중기 양반 가정의 일상생활사를, 1702년에 일어난 향랑의 자살 사건을 토대로 한국 가족사를, 김만덕을 토대로 조선 최고의 여자 거상 이야기를 쓰기도 했습니다. 그런데 언제부터인가 나는 남녀 관계, 특히 양성평등의 관계에서 여성사를 바라보고 싶었습니다. 남자와 여자는 분리할 수 없는 관계이기 때문이죠. 그래서 지난번 이 기자가 찾아와 조선시대 부부사랑에 대해 연재해 보고 싶다고 했을 때 선뜻 수락했던 것입니다."

여권 존중의 전통

내내 서성대던 이 기자는 조금씩 긴장이 풀리는지 자리에 앉으며 다시 물었다.

"교수님. 그럼 먼저 어느 시대의 부부사랑부터 살펴볼 생각이신가요?

"예. 16세기인 조선 중기부터 살펴보죠. 이 시기의 부부사랑 이야기가 비교적 많이 남아 있거든요. 그 대표적인 인물로 이황, 송덕봉, 원이 엄마, 안민학 등의 부부를 들 수 있습니다. 그에 앞서 우리는 당시 시대적 배경, 특히 실질 사회의 모습에 대해 간략히 알아볼 필요가 있습니다. 그래야 이들의 부부사랑을 왜곡하지 않고 최대한 객관적으로 이해할 수 있거든요."

그러고 나서 정 교수는 조선 중기의 사회적 특성에 대해 자세히 알려 주었다.

"16세기인 조선 중기까지만 해도 우리나라는 상당히 개방적인 사회였어요. 이 시기엔 능력이 뛰어나면 제한적이나마 신분 상승이 가능했고, 유교·불교·도교 사상이 공존했습니다. 조선 후기엔 오직 유학, 그중에서도 주자학만이 남아 있었던 것과는 매우 대조적이었죠. 또 가장 흥미로운 사실은 고대로부터 면면히 이어져 내려온 여권女權 존중의 전통이 여전히 남아 있었다는 점입니다.

오늘날 우리는 '처가살이' 하면 무능력한 남자를 떠올리는 등 부정적인 시선으로 바라보고 있죠. 하지만 조선 중기까지만 해도 우리나라 사람들은 남자가 여자 집으로 가서 혼례를 올리고 그대로 눌러사

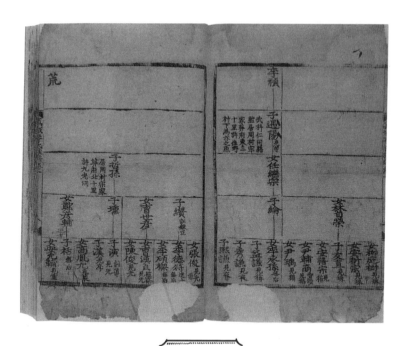

《진성이씨족보眞城李氏族譜》

17세기, 서울역사박물관. 조선 전·중기 족보만 해도 자녀들을 공평하게 출생 순서대로 기록하고, 딸의 자손인 외손을 친손과 마찬가지로 세대의 제한 없이 수록했다. 가족 사회에서는 여성의 지위를 분명히 인정했던 것이다.

는 장가와 처가살이가 일반적이었어요. 다시 말해 딸이 사위와 함께 친정부모를 모시고 살았던 것이지요. 그리하여 가족 관계에서 아들과 딸을 가리지 않았고, 친족 관계에서 본손과 외손을 구별하지 않았어요. 이른바 부계父系와 모계母系의 비중이 대등한 구조를 갖추고 있었던 것입니다. 예를 들어 《성종실록》(2년 5월 20일조)을 보면 이러한 흥미로운 기록이 남아 있어요.

우리나라는 남자가 여자 집으로 장가들고 처가살이를 하는 풍습이 있어서 이성異姓 간의 친분과 의리가 동성同姓과 다름이 없습니다. 대저 외가에서 함께 태어나 자라므로 어려서부터 늙어서까지 서로 형제, 숙질, 조손이라 하니, 그 은혜와 정이 어찌 동성(본가)의 친족과 다름이 있겠습니까?

한마디로 당시 우리나라 사람들은 외가에서 태어나 자라므로 부계와 모계가 서로 대등한 관계에 있었다는 것입니다.

이에 따라 재산을 아들과 딸이 균등하게 상속받았고, 조상의 제사도 서로 돌려 가며 지내는 윤회봉사를 했습니다. 남녀의 권리와 의무가 서로 동등했던 셈이지요. 나아가 여성의 바깥출입도 비교적 자유로웠을 뿐 아니라 학문과 예술 활동도 장려되었어요. 조선 전기의 설씨 부인, 조선 중기의 신사임당, 송덕봉, 허난설헌, 황진이, 이매창, 이옥봉 등 명실상부한 여성 예술가들이 대거 등장한 것도 이 때문이었죠."

"와, 조선 중기까지는 그동안 우리가 알고 있었던 조선 사회와는 정말 많이 다른데요!"

"그렇죠. 우리는 흔히 '조선시대 여성사' 하면 완고한 가부장제와 한 맺힌 여성사만을 떠올리지만, 그것은 17세기 이후 특히 18세기 중반 이후에야 비로소 형성된 것이었어요. 다시 한 번 강조하지만 현재 우리가 생각하는 가부장제 사회는 5천 년 한국 역사에서 최근의, 그리고 비교적 짧은 기간의 현상이었습니다. 앞으로 우리는 이러한 시대적 배경을 토대로 조선 중기 부부관계나 부부사랑을 살펴볼 것입니다."

군자란 무엇인가

이윽고 정 교수는 이 기자와 함께 조선 중기로의 역사 인터뷰를 떠났다. 도중 그녀가 다시 물었다.

"교수님, 오늘은 어떤 인물을 만나 볼 생각인가요?"

"예, 퇴계 이황을 만나볼까 합니다."

"퇴계 이황이요? 그는 조선의 성리학을 정립한 분이잖아요. 그럼 고지식하고 재미없을 게 뻔할 텐데, 굳이 만나 볼 필요가 있을까요?"

"예, 다들 퇴계를 엄숙한 유학자라고만 알고 있지요. 이는 공자의 제자들이 그랬던 것처럼, 퇴계의 사후 그의 제자들이 스승을 성현의 경지에 오른 완벽한 인간으로 추앙했기 때문이기도 합니다. 하지만 퇴계는 의외로 개방적이요, 인간적인 분이었답니다."

정 교수는 말을 이었다.

"물론 퇴계는 조선시대 대표적인 유학자이자 교육자였습니다. 특히 퇴계는 실천적 유학자로, 학문적 이론도 중시했지만 그에 못지않게 일상 속 실천을 중시했습니다. 한마디로 그는 높은 학문에다 덕德, 즉 인품까지 갖춘 이른바 '군자君子'였던 것이지요.

여기서 잠깐 군자란 무엇인지에 대해 알아봅시다. 현재 우리나라 사람들이 가장 높게 평가하는 사람들은 어떤 이들인가요? 바로 똑똑한 사람입니다. 입시 위주 혹은 명문대 중심의 교육 정책 탓인지, 우리나라 사람들은 똑똑한 사람, 즉 많이 아는 자를 최고로 여기고 있습니다. 다시 말해 '지자知者'가 최고인 세상이죠. 하지만 인간의 정신적 수준에서 지자는 원래 최하위에 속합니다.

그렇다면 지자보다 위에 있는 사람이 누구겠습니까? 바로 '현자賢者', 즉 지혜로운 사람입니다. 지혜롭다는 것은 단지 안다는 것의 차원을 넘어 그것들의 원리(맥락)를 파악하고 있는 사람을 말합니다. 모든 현상의 공통점을 파악하여 근본 원리를 꿰뚫고 있는 사람이죠. 그래서 현자는 가만히 앉아서도 천 리를 내다볼 줄 아는 것입니다.

그럼 현자 위에는 또 누가 있을까요? 바로 널리 알고, 원리를 꿰뚫고 있으며, 거기다가 덕(인품)까지 갖춘 사람입니다. 즉, '군자'를 말하죠. 군자는 어진 인품, 다시 말해 넓은 아량까지 갖추고 있어서 많은 사람의 존경과 사랑을 받는 것입니다. 흔히 말하듯이 아는 건 쉽지만 그것을 실천하기란 쉽지 않죠. 그래서 군자가 되기란 매우 어려운 것입니다. 퇴계는 바로 이러한 덕을 갖춘 군자였습니다."

"아, 그래서 다들 퇴계를 한국의 위인이라 하는군요?"

"예, 맞습니다. 한데 여기서 끝난 게 아닙니다. 그럼 군자 위에는 또 누가 있을까요? 세상의 이치를 깨달은 사람, 바로 '성인聖人'이 있습니다. 성인의 영향력은 국경을 초월하여 온 세상에 두루 미칩니다. 또 영원히 존중받기도 하고요. 다시 말해 천하 만대에 영향을 미친다고 보면 됩니다. 예를 들어 공자의 언행을 기록한 《논어》는 삶의 이치를 파헤쳐 놓은 것입니다. 그래서 온 세상 사람들이 경전으로 받들고 있죠. 또 공자를 위해 사당을 세우고 제사를 모시고 있고요.

마지막으로 성인 위에는 또 누가 있을까요? 바로 신이 존재합니다. 신은 만물뿐 아니라 우주를 창시한 분이죠. 신은 인간의 영역을 초월한 분입니다. 고로 인간은 신이 되려고 하기보다는 차라리 신에게 복종하고 순종하는 편이 낫습니다. 지금까지 인류 역사상 신이 되고자 하는 인간은 모두 망했고, 그 나라마저 패망했습니다.

어떤가요? 인간의 정신적 경지는 정말 높고도 높지요?"

"예, 지금까지 저는 똑똑한 사람인 지자를 최고로 여기고 살았는데, 알고 보니 그것은 정신적으로 가장 낮은 수준의 사람이었네요. 호호호."

도학자의 길

첫 번째 역사 인터뷰라서 그런지 이 기자는 여전히 긴장하고 있었다. 게다가 한국 역사에서 최고의 지성인 퇴계를 만난다는 사실에 더욱 초조해하였다. 도중 이 기자가 다시 정 교수에게 간곡히 부탁했다.

"교수님! 퇴계가 어떤 분인지 간략하게라도 좀 들려줄 수 없을까요? 간단한 생애와 업적이라도요?"

"예, 좋습니다. 퇴계는 연산군 7년(1501) 경상도 예안현 온계리, 지금의 경북 안동군 도산면 온혜리에서 진사 이식과 부인 박씨의 7남 1녀 중 막내로 태어났습니다. 그는 소위 명문가의 자제는 아니었어요. 또 두 살 때 아버지를 여의고 어머니 박씨가 집안을 유지하기 위해 농사와 양잠에 힘쓸 정도로 가정 형편도 넉넉한 게 아니었고요. 그래서 열두 살에야 겨우 작은아버지 이우로부터 《논어》를 배웠는데, 열네 살경부터는 혼자 독서하기를 좋아했습니다. 다음은 퇴계가 열아홉 살 때 지은 시인데, 학문에 뜻을 두고 매진하는 그의 모습이 잘 나타나 있습니다."

홀로 숲 속의 만권서를 사랑하여
한결같은 마음으로 10여 년을 보냈네.
이제야 근원을 깨달은 듯하니
내 마음은 태허太虛를 바라보노라.

"이후 퇴계는 스물일곱 살에 진사시에 합격했고, 성균관에 들어가 사마시에 급제했습니다. 그리고 서른네 살에 문과에 급제하고 승문원 부정자가 되면서 벼슬길에 발을 들여놓게 되지요. 이후 10여 년 동안 사간원 정언, 성균관 사성 등의 벼슬을 역임했습니다. 하지만 명종 즉위년(1545) 을사사화 후 병약을 구실로 모든 관직을 사퇴하고, 마흔여섯에는 낙동강 상류의 토계에 양진암을 짓고 독서에 전념하며 구도 생활에 들어갔습니다.

퇴계는 그 뒤로도 자주 임금의 부름을 받았으나, 번번이 사양하면서 외직만을 요청했습니다. 마흔여덟에는 충청도 단양군수가 되었지만, 형이 충청감사가 되어 내려오자 경상도 풍기군수로 자리를 옮겼습니다. 그리고 1년 후에는 벼슬에서 물러나 토계의 서쪽에 한서암을 짓고 본격적인 구도 생활에 들어갔습니다. 또 예순에는 도산서당을 짓고, 이후 7년여 동안 그곳에 기거하면서 독서와 수양, 저술에 전념하는 한편 많은 제자를 양성했습니다. 마침내 선조 3년(1570) 11월 평소 사랑하던 매화 화분에 물을 주라 하고, 단정히 앉은 자세로 세상을 떠났습니다."

정 교수의 제법 장황한 소개가 끝나자, 이 기자가 의아한 표정으로 고개를 갸웃거리며 물었다.

〈계상정거溪上靜居〉

정선, 《퇴우이선생진적첩退尤二先生眞蹟帖》, 1746, 개인. 도산서당을 짓기 전 퇴계는 계상서당
溪上書堂에서 학문을 연마하며 제자들을 가르쳤다.

〈이황 초상〉

이유태, 1974. 한국 역사상 최고의 지성이라 불리는 퇴계는 높은 학문뿐 아니라 인품까지
갖춘 이른바 '군자君子'였다.

"교수님, 남들은 다 높은 벼슬자리에 오르지 못해 안달하는데, 왜 퇴계는 틈만 나면 관직에서 물러나려고 했나요?"

"그게 바로 퇴계가 남들과 다른 점입니다. 퇴계는 여느 고승들처럼 자연에서 도를 닦으며 심성 수양하는 것을 진정한 도학자의 길이라 여겼던 것이지요. 그는 이러한 도학자의 길이야말로 현달한 정치가의 길 못지않게 중요하다고 생각했습니다."

군자와 지적장애 아내

마침내 두 사람은 퇴계가 말년에 머물고 있던 도산서당에 도착했다. 도산서당은 세 칸짜리 작은 건물이었는데, 서쪽 한 칸은 부엌, 중앙의 온돌방 한 칸은 퇴계의 거처, 동쪽의 대청 한 칸은 마루였다. 퇴계의 인품을 반영하듯 모든 건물이 간결하고 검소하게 꾸며져 있었다. 바로 옆의 건물은 농운정사라 했는데, 그곳에서는 여러 명의 학생이 책상 앞에 앉아 낭랑한 목소리로 글을 읽고 있었다. 주위는 고요하고, 벽에는 책들이 가득했다.

70세가량 되어 보이는 퇴계는 연로하여 지팡이를 짚고 서 있었지만, 오랫동안 학덕을 쌓은 군자답게 온몸에서 강렬한 기품이 흐르고 있었다. 정 교수는 이 기자와 함께 방 안에서 예를 갖추어 인사하고 시공을 초월하여 찾아온 연유를 말하였다. 그러자 퇴계가 조심스럽게 자리에 앉은 뒤 담담한 표정으로 입을 열었다.

"음, 나의 부부애에 대한 이야기를 듣고 싶다 했는가? 우선 나는 장가를 두 번 들었다네. 내 나이 스물한 살 때 첫째 부인인 김해허씨와 결혼해서 2년 만에 큰아들 준을 얻었지. 그리고 스물일곱 살 때 둘째 아들 채를 얻었으나, 한 달 만에 부인을 잃고 말았지. 아마 산후 조리를 잘못하여 그리된 듯싶네.

허씨 부인의 삼년상을 치른 뒤, 나는 다시 서른에 둘째 부인인 안동 권씨와 결혼하였지. 알다시피 권씨는 정신이 혼미한, 그대들 말로 표현하면 지적장애를 갖고 있었다네.

본래 권씨는 연산군 10년(1504)에 갑자사화로 희생된 권주의 손녀일세. 권주는 갑자사화 때 경상도 평해로 귀양을 갔다가 사약을 받았다네. 더불어 부인 이씨는 자결했고, 그 아들이자 권씨의 아버지인 권질도 제주도로 귀양을 갔지. 이후 중종반정이 일어나자 아버지 권질은 다시 관직에 오를 수 있게 되었지. 아내 권씨가 태어난 것도 바로 그 무렵인 듯싶으이. 허나 이후 중종 14년(1519) 기묘사화와 중종 16년(1521) 신사무옥으로 권씨의 숙부 권전이 곤장을 맞아 죽고, 숙모는 관비로 끌려갔으며, 아버지 권질은 예안으로 귀양을 갔다네. 아마 권씨는 어린 나이에 그러한 참극을 겪은 것이 화근이 되어 정신이 혼미해진 듯싶으이."

퇴계는 워낙 연로한 탓에 여기까지 말하고 숨이 가쁜지 잠시 얘기를 중단했다. 그 틈을 타서 이 기자가 조심스레 입을 열어 물었다.

"근데 선생께선 어떻게 해서 그처럼 정신이 흐린 권씨와 결혼하게 되었나요?"

"쉭쉭. 그, 그게……"

퇴계는 여전히 가쁜 숨을 몰아쉬고 있을 뿐 말문을 열지 못했다. 그래서 어쩔 수 없이 곁에 있던 정 교수가 대신 말하였다.

"전해 오는 말로는 당시 예안으로 귀양 온 권질의 간곡한 부탁으로 결혼하게 되었다고 합니다. 권질은 상처한 퇴계 선생을 찾아와 과년한 딸이 정신이 혼미하여 아직도 출가하지 못했다면서 맡아 줄 것을 부탁했고, 퇴계 선생이 이를 승낙했다는 것입니다. 그만큼 국량이 넓으신 분이었던 거죠."

"에이, 아무리 그래도 이제 겨우 서른 살밖에 안 된 앞길이 구만 리 같은 분인데, 어떻게 지적장애를 가진 분과의 재혼을 그리 쉽게 승낙했겠어요? 너무 억지스러운 듯해요."

"허허! 정 믿지 못하겠다면 퇴계 선생과 또 다른 장애 여성에 얽힌 이야기를 들려주겠습니다. 퇴계 선생은 자신의 제자인 서해와 맹인 이씨와의 결혼을 주선한 것으로도 아주 유명하답니다.

원래 맹인 이씨는 청풍군수를 지낸 이고의 무남독녀로 태어났으나, 어렸을 때 집안 여종의 잘못으로 부자(극약의 일종)를 달인 물로 세수하고서 두 눈이 멀게 되었습니다. 그럼에도 이고는 딸을 몹시 사랑하여 나중에 딸이 크면 반드시 훌륭한 덕행과 장래가 촉망한 청년을 물색하여 결혼시키리라 마음먹었죠. 이후 이고가 퇴계 선생을 찾아가 그 뜻을 전하니, 선생께서 쾌히 승낙하는 것이었습니다.

'알겠소이다. 내 제자 중에 서해라는 이가 있는데 그대의 딸과 짝이 될 만합니다. 다만 혼인하기 전까지는 두 눈이 멀었다는 말은 하지 말아 주시구려.'

이윽고 혼례식을 무사히 치르고 첫날밤을 맞이하게 되었을 때, 서해는 비로소 신부가 두 눈이 보이지 않는 맹인임을 알았습니다. 하지만 때는 이미 늦었고, 또 워낙 신중하고 점잖은 인물이라 그만한 일에 놀라 경솔하게 행동하지 않았습니다. 신부가 몹시 두렵고 불안해하며 떨고 있자, 서해는 도리어 미안해하며 위로하는 것이었습니다.

'부인은 겁내지 마시오. 어찌 그만한 일로 그대를 괄시하겠소. 잠깐 보아도 부인의 현숙함을 알겠거늘, 내가 어찌 부인을 소홀히 대하겠소.'

그리고는 밤새도록 자기 집안일을 자세히 일러 주며 그 처신할 방도를 가르쳐 주었어요. 이씨는 크게 감동하여 눈물을 흘리며 약속했죠.

'이제 군자께서 제가 맹인인 것과 부모가 그것을 속이고 결혼시킨 죄를 잊어버리고 오히려 하해와 같은 도량을 베푸시니, 제가 어찌 감히 죽음으로써 군자의 은혜를 갚지 않으리까.'

이후 두 사람은 부부생활을 하는 데 서로 존경하며 사랑함이 비할 데가 없었다고 합니다.

하지만 이로부터 2년 뒤 서해가 우연히 감기에 걸려 여러 날 신음하다가 스물세 살의 젊은 나이로 세상을 떠나고 말았습니다. 그나마 둘 사이에 옥동자 같은 아들을 둔 것이 불행 중 다행이었죠. 또 5~6년 뒤에는 시어머니마저 세상을 떠나자, 이씨는 아들 서성을 데리고 한양 서소문 밖 약현으로 올라와 약밥과 약과, 약주 등을 만들어 팔아 큰 부자가 되었습니다. 그와 함께 이씨는 서성을 당대의 유명한 학자인 송익필에게 보내 교육받도록 했습니다. 다행히 서성은 부지런히 공부하여 문과에 급제하고, 결국에는 정1품 판중추부사가 되었습니다. 그러자 어머니 이씨도 정1품 정경부인에 봉해졌죠. 결국 맹인 이씨는 자식을 잘 키워 집안을 명예롭게 하겠다는 남편과의 약속을 지킨 것이었습니다."

정 교수의 얘기를 들은 이 기자는 크게 감탄하며 말했다.

"와! 그러고 보니 조선시대는 의외로 장애에 대한 편견과 차별이 심하지 않았네요."

그리고는 다시 퇴계를 향해 물었다.

"그럼 권씨와의 부부생활은 어땠어요? 정신이 혼미했다면 상당히 힘들었을 듯한데요?"

"음, 물론 쉽지만은 않았다네. 권씨와 함께 17년 동안 살면서 마음이 극히 번거롭고 어지러워 견디기 힘들 때도 있었지. 허나 권씨를 나무라거나 홀대한 적은 결코 없었다네. 내 어찌 감히 마음 가는 대로 행동하며, 인륜을 저버려 홀어머니께 근심을 끼칠 수 있었겠는가."

퇴계가 짧게 얘기하고 입을 다물자, 정 교수가 대신해서 권씨 부인에 얽힌 일화들을 자세히 들려주었다.

"한번은 온 식구가 분주하게 제사상을 차리는데, 상 위에서 배가 하나 떨어졌더랍니다. 이에 권씨가 얼른 배를 집어 치마 속에 숨겼대요. 그러자 큰형수가 보고 나무랐어요.

'동서, 제사상을 차리다가 제물이 떨어지는 것은 우리들의 정성이 부족하기 때문이라네. 근데 그걸 치마 속에 감추면 어떡한단 말인가?'

그러자 방 안에 있던 퇴계 선생이 그 소리를 듣고 밖으로 나와 큰형수에게 대신 사과했지요.

'죄송합니다, 형수님. 앞으로 더욱 잘 가르치겠습니다. 그리고 손자며느리의 잘못이니 조상님께서도 귀엽게 보시고 화를 내시지는 않을 겁니다. 하하하!'

그 말에 형수는 입가에 미소를 띠며 말했다고 합니다.

'동서는 참으로 행복한 사람일세. 서방님 같은 좋은 분을 만났으니 말이야!'

얼마 후 퇴계 선생이 아내 권씨를 따로 불러 치마 속에 배를 숨긴 이유를 물었대요. 권씨가 먹고 싶어 그랬다고 하자, 퇴계 선생은 그 배를 직접 깎아 주었다고 합니다.

또 하루는 권씨가 흰 두루마기를 다림질하다가 조금 태웠는데, 하필 붉은색 천을 대고 기웠대요. 그런데도 퇴계는 아무렇지도 않게 태연히 입고 외출을 했습니다. 사람들이 보고 경망스럽다고 탓하자, 퇴계 선생이 웃으면서 말했답니다.

'모르는 소리 말게. 붉은색은 잡귀를 쫓고 복을 부르는 것이라네. 우리 부인이 좋은 일이 생기라고 이렇게 해 준 것인데 어찌 이상하다고 말하는가?'

그 후 퇴계 선생이 46세가 되던 해에 권씨가 세상을 떠나자, 정성을 다해 장례를 지냈을 뿐 아니라 전처소생의 두 아들에게도 친어머니와 같이 시묘살이를 시켰습니다. 그리고 자신은 권씨의 묘소 건너편 바위 곁에 양진암을 짓고 1년 넘게 머무르면서 아내의 넋을 위로해 주었고요.

이렇게 퇴계 선생은 아내 권씨의 부족한 부분을 품어 주며 별다른 문제없이 잘 살아갔습니다. 물론 남들과 조금 다른 권씨의 행동에 당황스러울 때도 있었지만, 때로는 사랑으로 때로는 인내심으로 부부의 도리를 다했습니다."

기녀 두향과의 사랑 이야기

퇴계는 두 사람과 얘기를 나누는 와중에도 틈틈이 창가에 놓인 매화 화분을 쳐다보았다. 사실 퇴계는 매화를 깊이 사랑하여 평생 수많은 매화시를 지었을 뿐 아니라, 심지어 임종하는 날 아침에도 매화에 물을 주라고 할 정도였다. 그는 매화를 마치 살아 있는 고결한 인격체로 여겼던 것이다. 그것을 보고 이 기자는 오다가 정 교수에게 들은 얘기를 떠올리며 퇴계에게 조심스럽게 물었다.

"아참! 저 매화 화분을 보니 갑자기 선생님과 기녀 두향의 사랑 이야기가 생각나는데, 그것도 좀 들려줄 수 없을까요?"

하지만 퇴계는 갑자기 눈시울을 적실 뿐 쉽게 말문을 열지 않았다. 이에 또다시 정 교수가 대신 들려줄 수밖에 없었다.

"퇴계 선생은 권씨와 사별한 지 2년 뒤인 마흔여덟 살에 충청도 단양군수로 부임했습니다. 그때 단양 관기였던 두향의 나이는 열여덟 살이었죠. 그녀는 거문고를 잘 타고, 매화와 난초를 매우 좋아했습니다. 자연히 두 사람은 신분과 나이를 초월하여 가까워질 수밖에 없었죠. 특히 매화는 두 사람의 관계를 이어 주는 상징적인 꽃이었습니다.

한번은 두향이 자기 집에서 애지중지 키우던 30년 묵은 백매와 청매 두 화분을 퇴계 선생의 거처에 옮겨 놨습니다. 그것을 보고 퇴계 선생은 이러한 낭만적인 시 한 수를 지었다고 합니다."

홀로 산창山窓에 몸 기대니 밤기운 차가운데
매화나무 가지 끝에 둥근 달이 걸렸구나.

구태여 소슬바람을 다시 불러 무엇 하리

맑은 향기 저절로 온 뜰에 가득한데.

"또한 퇴계 선생은 두향과 함께 자주 남한강변의 강선대 위에서 거문고를 타고 시를 읊기도 했답니다.

하지만 두 사람은 불과 9개월 만에 헤어질 수밖에 없었습니다. 퇴계 선생의 넷째 형 이해가 충청도관찰사로 부임해 오자, 형제가 같은 고을에 부임하는 것을 피하기 위해 인근 고을인 경상도 풍기군수로 옮겨간 것이죠.

퇴계 선생과 헤어진 후 두향은 기적妓籍에서 벗어나 강선대가 굽어보이는 단양의 적성산 기슭에 움막을 짓고 평생을 홀로 살았다고 합니다. 퇴계 선생 역시 두향이 선물한 매화를 평생 애지중지 돌봤고요."

"아하, 그래서 천 원권 지폐의 앞면에도 퇴계 선생의 모습과 여러 송이의 매화가 새겨져 있는 거군요. 그 매화 속에 퇴계 선생과 두향의 슬픈 사랑 이야기가 숨겨져 있었다니 정말 신기해요. 그럼 이후 두향은 어떻게 되었나요?"

"퇴계 선생이 세상을 떠나자 두향도 거문고와 서책 등을 모두 불태우고 스스로 목숨을 끊었다고 해요. 그녀의 유언은 생전에 퇴계 선생과 함께 노닐었던 강선대 아래에 묻어 달라는 것이었고요. 그래서 지금도 퇴계 선생의 후손들과 유학자들은 퇴계 선생께 제례를 지내고 나면 단양의 강선대로 가서 두향의 묘에도 참배한다고 합니다."

"와, 퇴계 선생과 두향의 러브 스토리는 마치 한 편의 드라마 같아요."

도산서당

도산서당은 퇴계가 57세 되던 해(1557)에 지은 도산서원 안에 있는 세 칸 기와집이다. 마당
에는 방당의 못과 몽천의 옹달샘을 배치해 멋스러움을 더했으며, 동쪽 언덕에는 소나무·매
화·대나무·국화 등 군자의 절개를 상징하는 꽃과 나무를 심어 벗으로 삼았다.

〈월매도〉

어몽룡, 《사가유묵첩四家遺墨帖》, 16세기, 서울대학교박물관. 퇴계는 매화를 몹시 좋아하여 평생 수많은 매화시를 지었다.

서로 손님처럼 공경하며 살아라

잠시 후 이 기자는 다시 퇴계를 향해 조심스럽게 물었다.

"그럼 마지막으로 선생의 부부관에 대해 듣고 싶습니다. 선생께선 대체 부부란 무엇이고, 어떻게 살아야 한다고 생각하신지요?"

"나의 부부관은 예전에 손자 안도에게 보낸 편지에 잘 나타나 있다네. 그 편지를 직접 읽어 주도록 하지."

부부란 인륜의 시작이요 만복의 근원이란다. 지극히 친근한 사이이기는 하지만, 또한 지극히 바르고 조심해야 하지. 그래서 군자의 도는 부부에서 시작된다고 하는 거란다. 허나 세상 사람들은 부부간에 서로 예를 갖추어 공경해야 하는 것을 싹 잊어버리고, 너무 가깝게만 지내다가 마침내는 서로 깔보고 업신여기는 지경에 이르고 말지. 이 모두 서로 손님처럼 공경하지 않았기 때문에 생긴 거란다. 그 집안을 바르게 하려면 마땅히 그 시작부터 조심해야 하니, 거듭 경계하기 바란다.

퇴계가 읽기를 끝마칠 무렵, 이 기자가 쓸쓸한 표정을 지으며 다시 물었다.

"선생께선 너무 형식적인 예만을 강조하시는군요. 그럼 부부 사이가 너무 소원하고 재미없지 않을까요?"

그 말에 정 교수가 재빨리 고개를 가로로 저으며 대신 말하였다.

"아닙니다. 우리는 흔히 예禮를 '사람으로서 마땅히 지켜야 할 도리'라고만 알고 있으나, 예의 진정한 의미는 '서로 배려하고 존중하는

퇴계가 안도에게 보낸 편지

《가서家書》 선조유묵先祖遺墨 권6, 1560년 9월 20일, 한국국학진흥원. 퇴계가 손자에게 첫 편지를 쓴 것은 안도의 관례를 한 해 앞둔 14세 되던 해로, 아명 대신 새 이름을 지어 주면서부터다. 이때 퇴계 나이 54세였는데, 이후 퇴계는 타계하기 한 달 전까지 손자에게 편지를 띄웠다.

마음'이라 할 수 있습니다. 다시 말해 겉으로만 조심하는 것이 아니라 상대방의 입장을 헤아리고 진심으로 대한다는 것입니다. 또한 퇴계 선생께선 사적인 자리, 특히 잠자리에선 부부가 서로 다정다감하라고 강조했습니다. 그래서인지 민간에서는 퇴계 선생을 주인공으로 한 성적인 이야기가 유독 많이 남아 있습니다. 예를 들어 《한국구비문학대계》에 수록된 〈퇴계와 율곡의 부부생활〉 이야기를 들려주겠습니다."

퇴계와 율곡(이이)의 제자들이 모여 얘기하고 있었다. 그런데 갑자기 두 분의 부부생활이 궁금해졌다. 두 분은 성현이라 당연히 부부생활도 점잖을 거라 생각한 것이다. 허나 알고 보니 퇴계의 부부생활은 난잡스러웠다. 반면에 율곡은 평소처럼 밤에도 도덕군자답게 의관을 반듯이 차리고 부인을 대하였다. 퇴계의 제자들은 도저히 참을 수 없어 다음 날 스승을 찾아가 그 연유를 물었다. 그러자 퇴계가 대답하는 것이었다.

"남녀 관계란 음양이 서로 합하는 것이라 점잖게 하면 안 되느니라. 아마도 율곡은 후사가 없을 것이로다."

율곡은 과연 그랬다고 한다.

"심지어 퇴계 선생에게는 '낮 퇴계 밤 토끼'라는 별명이 있을 정도였어요. 다음 예문도 《한국구비문학대계》의 〈퇴계 선생과 그의 부인〉이란 이야기입니다."

퇴계 선생은 낮엔 의관을 차리고 제자들을 가르쳤지만, 밤에는 부인에게 꼭 토끼와 같이 굴었다. 그래서 '낮 퇴계 밤 토끼'라는 말이 생겨났다.

"실제로 퇴계 선생은 성에 대해선 매우 열린 마음을 갖고 있었습니다. 단적인 예로 퇴계 선생이 직접 둘째 며느리를 개가시킨 일을 들수 있죠. 퇴계 선생의 둘째아들이 결혼 후 얼마 안 되어 세상을 떠나자 둘째 며느리는 청상과부가 되었습니다. 그래서 퇴계 선생은 둘째 며느리의 처지를 안타까워하며 친정으로 돌아가 재가하라고 했습니다. 다행히 이 시기만 해도 여성들의 재가가 사회적으로 크게 문제시되지 않았고, 많이 이루어지고 있었습니다."

"와! 퇴계 선생은 도학자임에도 불구하고 정말 인간적인 감정을 중시했네요. 당시 사회도 후대와 달리 상당히 개방적이었고요."

이렇게 해서 퇴계 선생과의 역사 인터뷰를 마친 두 사람은 자리에서 일어나 인사를 올리고 천천히 길을 나섰다. 퇴계도 지팡이를 짚고 힘겹게 일어나며 혼자서 말하였다.

"음, 모처럼 매화에 물이나 주어야겠구나!"

유희춘 ⊙ 송덕봉

우린 친구 같은 부부였다

눈이 내리니 바람이 더욱 차가워

그대가 추운 방에 앉아 있을 것을 생각하노라.

이 술이 비록 하품 下品이지만

차가운 속을 따뜻하게 데워 줄 수 있으리.

집안을 다스리는 것은 나라를 다스리는 것과 같다

이날도 일찌감치 찾아와 기다리고 있던 이 기자는 오늘의 인터뷰 대상이 궁금한지 정 교수를 향해 물었다.

"교수님, 이번엔 또 어떤 부부를 만나러 갈 생각인가요?"

"예, 16세기 미암 유희춘과 송덕봉 부부를 만나러 갈 예정입니다."

"미암 유희춘과 송덕봉이요? 그들은 대체 누구인가요? 널리 알려진 인물들도 아닌 것 같은데, 그들을 선정한 무슨 특별한 이유라도 있나요?"

"예, 우리는 흔히 조선시대 부부 하면 권위적인 남편과 순종적인 아내만을 떠올리죠. 하지만 이들 부부는 어느 한쪽으로 기울지 않고 서로 대등한 관계를 유지하며 마치 친구 같은 부부생활을 했습니다. 특히 덕봉은 지금까지 우리가 생각해 왔던 전통적인 여성상과는 많이 달랐습니다. 그녀는 자신의 감정을 자유롭고 적극적으로 표현했죠. 또 남편이 옳지 못한 모습을 보이면 거침없이 꾸짖기도 했고요. 두 사람은 정말 조선시대 양성평등의 부부상이라고 해도 과언이 아니었습니다.”

“거참 좋은 사례인데요! 그들이야말로 현대인이 추구하는 이상적인 부부상이 아닐까 싶어요. 어서 가요, 교수님.”

도중 이 기자가 또다시 궁금한 표정으로 정 교수에게 물었다.

“교수님, 미암과 덕봉을 만나기 전에 우선 그들에 대한 간략한 소개부터 좀 듣고 싶어요.”

“좋습니다. 오늘의 주인공은 사실상 덕봉이므로, 먼저 그분부터 간략히 살펴볼까요.

덕봉은 중종 16년(1521) 전라도 담양에서 태어났습니다. 홍주송씨로, 자가 성중成仲, 호는 덕봉德峯이었죠. 아버지는 사헌부 감찰, 단성현감 등을 지낸 송준이었고, 어머니는 사헌부 대사헌, 전라감사, 예조판서 등을 지낸 이인형의 따님이었습니다. 덕봉은 그들 사이에서 3남 2녀 중 막내로 태어났지요. 이로 보면 그녀는 비록 지방 사족이지만 만만치 않은 집안 출신이었음을 알 수 있습니다.

기록에 따르면 덕봉은 ‘천성이 명민하고 경서와 사서를 두루 섭렵하여 여성 선비[女士]로서의 풍모가 있었’고 합니다. 실제로 그녀는 여느 16세기 여성 예술가들처럼 평생 시와 문, 편지 등을 써서 《덕봉집》이란 시문집을 남기기도 했습니다.”

그 말에 이 기자가 긴 한숨을 내쉬며 안타까운 표정으로 말하였다.

“어휴! 그런 재능 있는 여자가 평생 집안에 갇혀 살림만 하다가 세상을 떠났다니……. 조선시대 여성들은 생각할수록 정말 불쌍해요.”

“아닙니다. 조선시대 여성사를 바라볼 때는 지금 우리의 관점으로 바라봐서는 안 됩니다. 당시 집안은 오늘날 웬만한 중소기업과 맞먹는 규모였고, 집안을 다스리는 것은 곧 나라를 다스리는 것과 마찬가지였거든요.

우선 조선시대엔 의식주에 필요한 생활필수품을 집에서 직접 만들어 사용하거나 이웃 간의 선물로 충당했습니다. 그 외에도 자녀 교육이나 질병 치료, 종교 활동도 집안의 어른들에 의해 해결되었고요.

가족의 규모도 오늘날 사람들은 상상하기 힘들 정도로 어마어마했습니다. 요즘의 가족은 17세기 이후로 축소된 구조, 그러니까 할아버지→아버지→아들로 이어지는 부계父系로만 한정되어 있지요. 하지만 16세기만 해도 우리나라는 그러한 부계만이 아니라 어머니 쪽의 일가인 모계, 처가 쪽의 일가인 처계까지 포함하고 있었어요. 게다가 그들은 능력만 허락된다면 팔촌의 일가친척과 수십 수백 명에 이르는 집안 노비들까지 거느리고 살았고요. 미암과 덕봉의 집안만 보더라도 그들 부부를 비롯해서 딸과 아들 내외 및 손자들, 일가친척, 100여 명에 이르는 노비 등 실로 엄청난 가족이 더불어 살았습니다."

"그럼 당시 여성들의 집안일도 엄연한 사회 활동으로 간주되었겠네요?"

"그럼요! 오늘날 가정이 사적인 공간으로 치부되면서 여성들의 집안일이 제대로 평가받지 못하는 것과는 분명한 차이가 있었죠. 또한 조선시대 여성들, 다시 말해 안주인의 역할은 오늘날 가정주부와는 비교하기 힘들 정도로 방대했습니다.

당시엔 의식주를 비롯한 집안의 경제적 측면은 여성이 주도하고, 외부와의 접촉이나 관직을 통한 집안의 지위 상승 같은 대사회적 측면은 남성이 주도했습니다. 그런데 이 시기 남성들은 근친(부모를 뵈러

〈겨울 채비〉

김득신, 〈행려풍속도병行旅風俗圖屏〉, 18세기, 호암미술관. 조선시대 가정은 오늘날 중소기업과 맞먹을 정도로 거대한 사회였고, 여성들의 집안일도 엄연한 사회 활동으로 간주되었다.

가는 일)이나 수학, 관직, 유배 등의 이유로 자주 집을 비우고 떠돌아다녔기 때문에 실질적으론 여성들이 안팎의 집안일을 거의 다 주관했습니다."

"와! 조선시대 여성들은 정말 집안의 실질적인 주인이었네요."

"그렇죠. 당시 여성들의 집안일은 생존과 직결되는 아주 중요한 일이었고, 그만큼 사회적으로도 충분한 대우를 받았습니다. 다시 말해하는 일이 많은 만큼 존경도 받았던 것입니다."

조선은 일기의 나라였다

덕봉에 대한 소개가 끝나자, 이 기자는 미암 유희춘에 대해서도 소개를 듣고자 하였다.

"그럼 미암 유희춘은 어떤 분이었나요?"

"예, 《미암일기》의 저자로 유명한 분이죠. 미암은 중종 8년(1523) 전라도 해남의 외가에서 태어났습니다. 아버지 유계린은 성리학에 조예가 깊었으나 벼슬에 뜻을 두지 않았고, 어머니 탐진최씨는 《표해록》의 저자이자 사헌부 감찰, 홍문관 교리를 지낸 최부의 따님이었습니다. 미암은 그들 사이에 2남 3녀 중 둘째아들로 태어났죠.

미암은 어려서부터 영민하고 글 읽기를 좋아해서 스물여섯에 과거에 급제한 뒤 홍문관 수찬, 무장현감 등을 지냈습니다. 하지만 서른다섯에 양재역 벽서사건(이기·윤원형 등이 어린 명종을 대신해 정치하던 문정왕후를 속여 일으킨 옥사)에 연루되어 이후 20여 년 동안 함경도 종성에서 유배 생활을 했습니다. 유배에서 풀려난 뒤로도 10여 년 동안 홍문관 부제학, 사헌부 대사헌, 전라도관찰사 등을 지내면서 오랫동안 집을 떠나 생활했고요.

평소 미암은 세상 물정에 어둡고 가사를 잘 다스릴 줄 몰랐으며, 의관과 버선이 해져도 부인이 내주지 않으면 바꿔 입을 줄을 몰랐다고 합니다. 거처하는 방도 책을 펴놓은 책상 외에는 비록 먼지와 때가 끼어 더러워도 닦지 않았다고 하고요. 그야말로 평생 학문밖에 모르던 사람이었습니다.

사실 미암은 조선 중기 대표적인 호남 사림이었지만, 《미암일기》(보물 제260호)의 저자로 세상에 더욱 널리 알려졌습니다. 《미암일기》는 그의 나이 55세 되던 1567년 10월 1일부터 시작해서 세상을 떠나기 직전인 1577년 5월 13일까지 약 11년에 걸쳐 쓴 한문 일기입니다. 현재 남아 있는 것은 모두 11책으로, 일기 10책 및 미암과 덕봉의 시문을 모은 부록 1책으로 이루어져 있습니다."

그런데 도중 이 기자는 조선시대 일기 문화를 좀 더 자세히 알고 싶어 했다.

"교수님, '조선은 일기의 나라였다'고 할 정도로 당시 사람들은 일기를 많이 썼다고 하던데요. 그들은 왜 그리고 어떻게 일기를 썼나요? 현대와 비교해 볼 때 뭐가 다른지도 궁금해요?"

"그것참 좋은 질문입니다. 조선시대 양반들은 날마다 집안에서 있었던 일들을 꼬박꼬박 일기에 기록해 두었습니다. 그래서 《미암일기》, 《묵재일기》, 《쇄미록》, 《흠영》 등을 비롯한 수많은 일기책이 지금까지 남아 있지요. 심지어 조정에서도 매일 《조선왕조실록》을 기록했고요. 정말 조선은 일기의 나라였다고 해도 과언이 아니었습니다.

당시 사람들은 왜 일기를 썼냐고요? 단적으로 말해 조선시대 일기는 오늘날 가정주부들이 쓰는 가계부와 같은 것이었습니다. 당시는 일상생활에 필요한 물건들을 이웃 간에 서로 주고받으며 해결하는 선물 경제 시대였습니다. 누군가에게 어떤 물건을 선물로 받았다면, 그에 상응하는 어떤 물건을 보답해야 했죠. 그렇지 않으면 큰 결례가 되었거든요. 그러므로 받은 물건을 잊어버리지 않기 위해서라도 꼬박꼬박 일기에 써 두었던 것입니다. 이처럼 조선시대 일기는 사적이라기보다 공적인 성격이 강했습니다.

일기의 내용은 그날 날씨와 꿈, 질병, 정국 동향, 집안의 대소사, 손님접대, 선물 수수, 잠자리 등 하루 동안 있었던 일들을 하나도 빠짐없이 차례대로 기록해 두었습니다. 대표적인 예로 《미암일기》 선조 즉위년(1567) 10월 5일조의 일기를 있는 그대로 들려주겠습니다."

5일. 갬. 이날 졸곡卒哭이어서 마립麻笠을 백립白笠으로 바꿔 쓰고, 또 마대麻帶도 끌렀다.

아침에 종 흔비와 한양을 담양으로 보내 송충순의 장례에 가도록 했다. 장례가 6일에 치러지므로 일부러 보냈다.

내가 코가 막히고 재채기를 해서 점을 쳐 보았더니 이괘离卦(주역의 괘명)의 생체生體를 얻었다. 또 아내가 꿈에 험준한 산에 갔다가 다시 집으로 돌아온 것을 보았다 하니 길조吉兆다.

초 한 쌍, 메밀쌀 두 되, 찹쌀 두 되를 송충순의 집으로 보내 장례 비용에 보태 쓰도록 했다.

《미암일기 眉巖日記》

유희춘, 1567~1577, 11책, 미암유물전시관. 《미암일기》는 미암 유희춘이 55세부터 죽기 전까지 약 11년에 걸쳐 쓴 한문 일기다.

새 전라감사가 이산에 도착했다고 하기에 영리營吏를 통해 문안했다.

광양의 무사인 김려생이 과거의 회시會試를 보러 가면서 찾아와 유자 열 개를 주므로, 나도 부채 하나를 주었다.

모의전(명종의 영좌)이 창덕궁에 있다고 한다.

"와, 당시 생활상이 정말 세밀하게 기록되어 있네요. 저도 언젠가 《미암일기》를 꼭 한번 읽어 보고 싶어요."

별거 부부

마침내 두 사람은 선조 8년(1575) 10월 전라도 창평의 수국리에 도착했다. 이곳은 미암과 덕봉이 말년을 함께 보낸 곳으로, 안채와 사랑채, 행랑채로 이루어진 모두 열여덟 칸짜리 집이었다. 뒤로는 산이 병풍처럼 둘러 있고 앞으로는 물이 감도는 전형적인 배산임수背山臨水의 지형이었다.

미암과 덕봉은 두 사람을 반갑게 맞이하여 사랑채로 들어갔다. 그리고는 서로 예를 마치자, 정 교수가 먼저 미암을 향해 물었다.

"두 분은 원래 담양 태곡에 사셨잖아요. 근데 언제 이곳으로 이사 오셨는지요?"

"담양 태곡은 집이 좁고 사랑채가 없어서 생활하는 데 많이 불편하여 올해 예순세 살에 벼슬을 그만둔 뒤로는 이곳으로 이사해서 부부가 함께 살고 있다네. 이 집은 온전히 부인 덕봉이 설계해서 지은 것으로, 젊었을 때부터 안채, 행랑채, 사랑채 순으로 지었지. 특히 덕봉은 얼마 전에 사랑채를 지은 뒤 스스로 감동하여 시 한 수를 지었는데, 내 특별히 한번 읊어 주겠네."

규모를 세우기를 누가 기특히 했나
부인의 마음 솜씨 반수(중국 고대의 이름난 장인)와 같도다.
남쪽에 서실 열어 새롭게 환하고
북쪽의 서까래 밑에 다락을 놓았도다.
늙은이 창에 기대어 거드름 피우고

자손들 책을 펴고 글을 읽으리.

문득 선친의 이사하란 말씀을 생각하니

우리 자손들에게 백세百歲의 복을 열어 주셨도다.

"어떠한가? 시 속에 우리 부인의 자신감과 여유, 당당함이 넘쳐흐르지 않는가?"

"예, 덕봉은 정말 대단한 분이십니다. 특히 보통 사람들과 달리 배포가 아주 크신 듯해요."

그러고 나서 정 교수는 다시 미암의 건강 상태에 대해 물어보았다. 그는 말년에 유독 건강이 좋지 않았기 때문이다. 그러자 덕봉이 불쑥 나서서 대신 말하였다.

"그렇잖아도 요즘 영감이 윗니가 거의 다 빠지고 한 개밖에 남지 않았답니다. 하여 음식을 먹을 때면 입을 다물고 그저 오물거리기만 하지요. 게다가 하부의 냉증과 입속의 침이 자주 마르는 소갈증까지 앓고 있는데도 저리 임금께 바치겠다고 날마다 책을 편찬하고, 건듯 하면 벼슬길에 다시 나가겠다고 벼르고 있다는 것 아닙니까."

그 말에 미암이 자신의 마음을 몰라주어 답답하다는 듯 목소리를 높여 말했다.

"아니, 그럼 신하가 되어서 어찌 임금의 분부를 거역할 수 있겠소? 게다가 20여 년 동안 귀양살이하고 와서 관직 생활도 얼마 하지 못했는데……."

"어휴, 이제 그만 벼슬할 생각을 버리고 노후를 즐기면서 건강 좀 챙기세요. 당신은 평생 일만 하다가 죽을 생각이시오. 하여간 남정네

〈신행길新行〉

김홍도, 《단원풍속도첩檀園風俗圖帖》, 18세기, 국립중앙박물관. 조선 중기에만 해도 남자가 여자 집으로 가서 혼례를 올리고 그대로 눌러사는 장가와 처가살이를 했다.

들이란……."

　미암과 덕봉이 언쟁을 벌이려 하자, 정 교수가 얼른 화제를 돌려 본격적으로 두 사람의 부부사랑에 대해 물었다. 그는 우선 두 사람의 결혼 이야기부터 듣고자 했다.

　"근데 두 분께선 언제, 어떻게 결혼하셨어요? 특히 혼례식을 어떻게 치렀는지 듣고 싶습니다."

　그러자 미암이 과거를 회상하며 쑥스러운 표정으로 대답했다.

　"내 나이 스물네 살, 덕봉의 나이 열여섯 살 때 결혼했다네. 슬하에 1남 1녀를 두었는데, 그대들도 알다시피 우리는 남자가 여자 집으로 가서 혼례를 올리고 그대로 눌러 사는 장가와 처가살이를 하고 있네.

　우선 혼례 절차는 양쪽 부모가 혼사를 의논하는 의혼議婚, 신부 집에 혼서와 채단을 보내는 납채納采, 신랑이 신부 집으로 가서 의식을 치르는 혼례婚禮의 순서로 진행되며, 이후 신랑은 처가에 살면서 틈나는 대로 본가에 근친하러 다닌다네.

　혼례식은 해 질 녘에 신부 집에서 이루어지는데, 신랑을 데려가는 네 명의 위요가 먼저 들어가 자리에 서고, 맨 마지막에 시중을 드는 중방이 신랑을 데리고 들어가지. 보통 신랑이 대문 앞에 이르면 신부 집의 집사가 나와서 기다리고 있다가 어서 집 안으로 들어가자고 재촉하면, 신랑은 세 번을 사양한 후 집사의 안내에 따라 들어가 무릎을 꿇고 기러기를 교자상의 왼쪽 위에 올려놓지. 그리고는 잠시 엎드렸다가 일어나 두 번의 절을 한다네. 그때 신부가 처음으로 방에서 나와 신랑을 상대하는 것일세. 신부는 신랑을 향해 네 번 절하고, 신랑은 답례로 두 번 절을 한다네. 또 중간에 상을 두고 부부가 서로 상대하여 술 석 잔씩을 따라 주고 받아 마신다네. 그런 다음 중방이 신랑을 인도하여 별도의 천막 안으로 들어가고, 유모가 신부를 데리고 방 안으로 들어가 겉옷을 벗기게 되면, 그 이후 첫날밤을 치르는 것이지."

"와, 혼례 절차가 생각보다 꽤 복잡하네요! 그럼, 이후 처가살이는 어떻게 했어요? 현대는 '처가살이'하면 무능력한 남자를 떠올릴 정도로 부정적인 시선으로 바라보는데, 이 시대엔 거의 모든 남자들이 처가살이를 했다던데요."

"우린 대대로 처가살이를 했다네. 나는 해남에서 태어나 담양으로 장가들어 본가와 처가를 수시로 왕래하며 살았는데, 대체로 몇 달은 처가에서 살고, 몇 달은 본가에 가서 살곤 했지. 우리 아들 유경렴도 담양 인근의 장성으로 장가가서 살고, 큰손자 유광선은 남원으로 장가가서 살고 있다네. 대신 딸 내외가 우리와 함께 지내는데, 사위 윤관중은 외아들임에도 불구하고 우리 집으로 장가와서 살고 있다네."

"그렇게 본가와 처가를 수시로 왕래하며 산다면, 이 시대 남자들의 결혼 생활은 상당히 불안정하겠네요? 부부가 서로 떨어져 지낸 시간도 상당히 많을 듯하고요?"

그 말에 덕봉이 불쑥 나서서 불만 어린 표정으로 대신 말하였다.

"어디 떨어져 지내다 뿐이겠습니까! 뭐 결혼 생활은 그렇다 치더라도, 미암은 서른다섯 살부터 20여 년 동안 함경도 종성에서 귀양살이 했고, 그 후로도 10여 년 동안 벼슬살이하는 바람에 수시로 집을 떠나 있었습니다. 우리 부부는 인생의 거의 전부를 서로 떨어져 지냈다고 해도 과언이 아니었지요. 당신네들 말로 표현하면 우린 정말 '별거 부부'나 마찬가지였습니다. 물론 우리 시대의 부부들은 그렇게 많이 살고 있지만, 우린 유독 떨어져 사는 시간이 많았답니다."

부부가 시를 주고받다

정 교수는 다시 덕봉을 향해 물었다.

"그럼에도 두 분께선 서로 '지우知友'라고 여길 정도로 금슬 좋은 부부였잖아요. 또 이후 미암이 세상을 떠난 지 8개월 뒤에 부인께서도 곧 남편을 따라갔다고 하고요. 서로 떨어져 지낸 시간이 많았음에도, 어떻게 해서 부부 사이가 그리 좋을 수 있었는지 궁금합니다."

"그건 바로 시와 편지 때문이지요. 우린 평소에도 끊임없이 시와 편지를 주고받으며 서로의 마음을 나누었습니다. 하여 아주 오랫동안 서로 떨어져 지냈어도 부부관계를 잘 유지할 수 있었던 것이지요."

"아, 그렇군요. 생각해 보니 저희 현대인들은 스마트폰이나 인터넷 같은 빠르고 다양한 통신수단을 갖고 있어도, 부부간의 마음을 나누는 횟수는 오히려 더욱 줄고 있는 듯합니다. 정말 아이러니한 상황이 아닐 수 없네요."

그러고 나서 정 교수는 덕봉에게 정중히 부탁했다.

"그럼 혹시 두 분께서 시나 편지를 주고받으며 서로의 마음을 나누었던 이야기 좀 들려줄 수 있겠습니까?"

"예, 그리하지요. 지난 1569년 9월이었습니다. 그때 미암은 외교 담당 부서인 승문원에 다니고 있었는데, 며칠째 집에 돌아오지 못하고 숙직하고 있었습니다. 하루는 비가 오다가 눈으로 바뀌면서 날씨가 갑자기 추워졌고, 영감이 못내 걱정스러워 새로 지은 비단 이불과 평소 입는 외투인 단령을 보자기에 싸서 갖다 주도록 했답니다. 뜻밖의 물건을 받은 영감은 크게 감동했는지, 임금이 하사한 술상과 이러한 시를 지어 보내왔더군요."

눈이 내리니 바람이 더욱 차가워
그대가 추운 방에 앉아 있을 것을 생각하노라.
이 술이 비록 하품下品이지만
차가운 속을 따뜻하게 데워 줄 수 있으리.

"그러니 나도 어땠겠습니까? 모처럼 시심詩心을 발휘하여 화답시를 지어 보냈지요."

국화잎에 비록 눈발이 날리지만
은대(승문원)에는 따뜻한 방이 있으리.
차가운 방에서 따뜻한 술을 받으니
속을 채울 수 있어 매우 고맙소.

"그날 밤 영감이 6일 만에 퇴근하고 비로소 집으로 돌아왔는데, 그 반가움은 이루 말할 수 없었답니다. 나중에 보니 영감도 일기에다 '부인과 엿새를 떨어졌다가 만나니 정말 반가웠다'라고 기록해 두었더군요. 호호호."

그걸 지금 말이라고 하시오

정 교수는 계속해서 덕봉에게 물었다.

"그럼 두 분께선 서로 다투신 적은 없었나요? 부부가 살다 보면 서로 다투는 경우도 많잖아요?"

"왜 없었겠습니까? 비록 떨어져 지낸 시간이 많아 서로 얼굴을 맞대고 싸운 적은 많지 않으나, 음으로 양으로 많이 싸웠지요. 저 양반 체면을 생각하니 말하기가 좀 그러하나 할 말은 해야겠습니다.

지난 1570년, 미암이 한양에서 홀로 벼슬살이를 하고 있을 때였습니다. 하루는 내게 어처구니없는 편지 한 통을 보내왔습니다. 어떤 편지였냐고요? 3~4개월 동안 독숙獨宿하면서 일체 여색女色을 가까이하지 않았으니, 당신은 갚기 어려운 은혜를 입은 줄 알라고 자랑하는 편지였습니다. 어휴! 나이도 예순에 가깝고 성현의 가르침을 배운 양반이 그게 어디 할 소리겠습니까? 하여 나도 장문의 편지를 보내 호되게 나무라면서, 평소 하고 싶었던 말까지 속 시원히 다 해 버렸답니다. 그 편지가 마침 있는데 직접 읽어 드리지요."

엎드려 편지를 보니 갚기 어려운 은혜를 베푼 양하였는데 감사하기가 그지없소. 단 군자가 행실을 닦고 마음을 다스림은 성현의 밝은 가르침인데, 어찌 아녀자를 위해 힘쓴 일이겠소. 또 중심이 이미 정해지면 물욕이 가리기 어려운 것이니 자연 잡념이 없을 것인데, 어찌 규중의 아녀자가 보은하기를 바라시오. 3~4개월 동안 독숙을 하고서 고결한 체하여 은혜를 베푼 기색이 있다면, 결코 담담하거나 무심한 사람이 아니오. 안정하고 결백하여 밖으로 화채華采를 끊고 안으로 사념私念이 없다면, 어찌 꼭 편지를 보내 공을 자랑해야만 알 일이겠소. 곁에 지기의 벗이 있고 아래로 권속과 노복들이 있어 십목十目이 보는 바이니 자연 공론이 퍼질 것이거늘, 꼭 힘들게 편지를 보낼 것까지 있겠소. 이로 본다면 당신은 아마도 겉으로 인의를 베푸는 척하는 폐단과 남이 알아주기를 서두르는 병폐가 있는 듯하오. 내가 가만히 살펴보니 의심스러움이 한량이 없소.

나 또한 당신에게 잊지 못할 공이 있소. 가볍게 여기지 마시구려. 당신은 몇 달 동안 독숙을 하고서 붓끝의 글자마다 공을 자랑했지만, 나이가 60이 가까우니 만약 그렇게 한다면 당신의 건강을 유지하는 데 크게 이로운 것이지, 결코 내게 갚기 어려운 은혜를 베푼 것이 아니오. 하기야 당신은 귀한 관직에 있어서 도성의 만인이 우러러보는 바이니, 비록 수개월 동안의 독숙도 차마 하기 어려운 일일 것이오.

나는 옛날 당신 어머니가 돌아가셨을 때 사방에 돌봐 주는 사람이 없고, 당신은 만 리 밖에 있어 하늘을 향해 울부짖으며 슬퍼하기만 했소. 그래도 나는 지성으로 예에 따라 장례를 치르면서 남에게 부끄럽지 않게 했는데, 곁에 있는 사람들이 "묘를 쓰고 제사를 지냄이 비록 친자식이라도 이보다 더할 순 없다!"라고 하였소. 삼년상을 마치고 또 만 리 길을 나서서 멀리 험난한 길을 갔는데 이것을 누가 모르겠소. 내가 당신한테 했던 이런 지성스런 일이 바로 잊기 어려운 일이 아니겠소. 당신이 몇 달 동안 독숙한 공을 내가 했던 몇 가지 일과 서로 비교하면, 어느 것이 가볍고 어느 것이 무겁겠소.

원컨대 당신은 영원히 잡념을 끊고 기운을 보양하여 수명을 늘리도록 하시오. 이것이 내가 밤낮으로 바라는 바이오. 나의 뜻을 이해하고 깊이 살피기를 엎드려 바라오. 송씨 아룀.

"이 편지를 보내고 나서 어찌나 속이 후련하던지……. 요즘도 나는 가끔 그때를 생각하며 혼자 웃곤 한답니다."

"하하하, 정말 재미있네요! 말 한마디 잘못 꺼냈다가 본전도 못 찾는 꼴이 되고 말았던 듯해요."

덕봉의 폭로성 발언에 미암은 아무런 대꾸도 하지 못하고 연신 헛기침만 내뱉고 있었다. 이에 정 교수가 나서서 미암의 입장을 대신 일러 주었다.

"허나 저는 그 편지를 읽고 난 미암의 반응이 더욱 재미있었습니다. 요즘 남자라도 아내가 그렇게 자신의 말에 조목조목 따지고 들면 발끈하기 십상일 텐데, 미암은 자신의 어리석음을 순순히 인정하며 일기에 이렇게 기록해 두었더라고요.

'부인의 말과 뜻이 다 좋아 탄복을 금할 수 없다!'

가만히 생각해 보면 미암은 참 자상하고 개방적인 남편이었던 듯합니다. 요즘 사람들은 아내가 먼 길을 다녀와도 거의 대부분 거실 소파에 가만히 앉아 있거나, 기껏해야 현관문을 열어 주며 맞이하곤 합니다. 그러나 미암은 덕봉이 먼 길을 다녀오면 반드시 다과茶菓를 준비하여 10리 밖까지 마중을 나갔습니다. 또 오늘날 남편들은 아내가 몸이 아프면 '병원에 갔다 와!'라고 하며 귀찮은 투로 말하고 출근해 버리지만, 미암은 항상 휴가를 내어 곁에서 직접 간호하고 의원을 불러 극진히 치료해 주었습니다. 뿐만 아니라 임금의 거둥이나 중국 사신의 행차 같은 나라의 특별한 구경거리가 있으면 딸과 함께 가서 구경하도록 하고, 사위나 아들을 미리 구경할 집에 보내 방을 따뜻하게 해 놓고 기다리게 했습니다. 어디 그뿐인가요. 미암은 말년에 그동안 덕

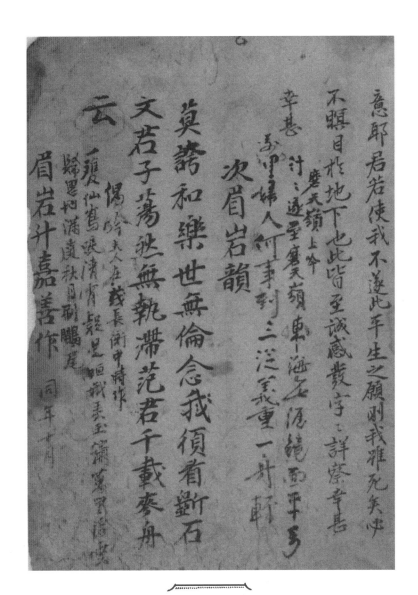

意耶 君若使我不遂此平生之願則我雖死矣

不賴目於地下也此皆至誠感歎字宜詳察幸甚

辛恙 汁三遂至襄天嶺上峰

　　　　　　　　慶天嶺東一海石逈絶而平亐

安臾婦人何事到三淀氣重一斗軒

次眉巖韻

莫謗和樂世無倫念我須着斷石

文若子蕩然無執滯茫若千載麥舟

云

偶吟夫人在家長衛中請作

　　　　　　覆仙島瞬清貧援是姮娥長玉瀟夢罰濟尖

歸思如滿遠秋月剛鵰尾

眉巖汁嘉善作 同年十月

〈차미암운次眉巖韻〉

송덕봉, 16세기, 미암유물전시관. 유희춘의《미암일기》에 실린 송덕봉의 시. 조선시대 부부들은 끊임없이 시와 편지를 주고받으며 서로의 마음을 나누었다.

봉이 쓴 시와 문을 모아 《덕봉집德峯集》이란 문집을 내주기도 했지요. 요즘 남편 중에 아내를 위해 이렇게까지 정성을 기울인 사람이 과연 몇 명이나 되겠습니까."

시중꾼

얼마 후 정 교수는 미암에게 첩을 둔 것에 대해 조심스레 물었다.

"조선시대 양반 남성들은 부인 이외에 따로 첩을 두기도 했잖습니까. 선생께서도 고향 해남에 첩을 두고 네 명의 서녀를 낳았더군요. 부부간 금슬도 나쁘지 않았으면서, 대체 왜 첩을 두었습니까?"

그러자 미암이 발끈하여 목소리를 높여 말했다.

"우리 양반들이 첩을 둔 것은 꼭 여색을 탐하거나 후사를 얻기 위한 것만은 아닐세. 물론 그것도 배제할 수는 없으나 우리들의 생활상 문제도 크다네. 알다시피 우리 양반들은 옷이나 식사, 이부자리, 외출 같은 모든 일을 하인들이 대신해 주어야만 한다네. 그렇잖으면 양반 체면에서 벗어나기 때문이지. 또한 우리는 처가에 살면서 틈나는 대로 본가에 근친을 가서 부모를 모셔야 하는데, 그때마다 본가에서 우리들의 잡다한 시중을 들어줄 첩이 필요한 것이지. 다시 말해 첩은 바로 '시중꾼'과 같은 존재라는 것이네. 그걸 고려하지 아니하고 우리를 마치 호색한처럼 몰아붙이는 건 너무한 처사가 아니겠는가."

"예, 잘 알겠습니다."

정 교수는 다시 덕봉의 얼굴을 바라보며 은근히 물었다.

"그럼 부인께선 남편의 첩을 어떻게 생각했나요? 연적戀敵, 즉 사랑의 경쟁 상대였나요? 아니면 한갓 남편의 시중꾼에 불과했나요?"

"연적이라 했습니까? 어찌 감히 양반과 노비를 똑같이 입에 올리는 겝니까? 첩은 단지 영감의 시중꾼에 불과합니다. 물론 영감이 첩에게 노비를 주거나 집을 지어 주고, 그 서녀들을 양민으로 만들기 위해 많은 돈을 들였을 때는 내 마음이 조금 불편하기는 했습니다. 허나 첩은 단지 집안 노비 중 하나일 뿐이었고, 또 내가 시댁에 가면 첩은 멀리 몸을 피해야 했습니다. 더 이상 나와 첩을 똑같이 입에 올리지 말아 주세요. 아주 언짢습니다."

"예예, 조선시대는 엄격한 신분 사회라는 걸 잠시 잊었습니다. 죄송합니다."

첩 문제로 인해 두 사람의 심기가 갑자기 몹시 불편해 보였다. 이에 정 교수는 서둘러 역사 인터뷰를 정리할 수밖에 없었다.

"두 분께선 서로 떨어져 지낸 시간이 매우 많았고 중간에 첩도 끼어 있었지만, 그럼에도 불구하고 서로 대등하게 살았을 뿐만 아니라 늘 시나 편지를 통해 소통하며 지냈습니다. 그래서인지 조선시대 이상적인 부부상이라 생각해도 좋을 만큼 진정한 동반자가 되었습니다. 오늘 과거와 현대를 초월하여 특별한 역사 인터뷰에 응해 주셔서 대단히 감사합니다. 안녕히 계십시오."

"잘들 가시게!"

정 교수와 이 기자는 정중히 인사를 올리고 사랑방을 나와 현대 세계로 돌아왔다.

이응태 ◉ 원이 엄마

영혼에게 보내는 두 통의 편지

자네는 나에게 마음을 어떻게 가졌고, 나는 자네에게 마음을 어떻게 가졌던가? 함께 누우면 내 언제나 자네에게 이르되 '이보소! 남들도 우리처럼 서로 어여삐 여기고 사랑할까? 어찌 그런 일을 생각하지 않고 나를 버리고 먼저 가시는가?

분과 바늘 여섯을 보내네

정 교수는 아까부터 책상 앞에 앉아 자료들을 뒤적거리며 혼자서 구시렁거렸다.

"아이참, 그걸 어디다 뒀지? 분명 며칠 전에 번역해서 여기 어디에다 뒀는데……."

진즉 도착해서 기다리고 있던 이 기자가 참다못해 그에게 다가가며 물었다.

"대체 무얼 그리 찾고 계세요? 바쁜데 얼른 역사 인터뷰나 떠나시죠."

"이번에 내가 새롭게 번역한 원이 엄마의 편지를 찾고 있는데, 어디다 뒀는지 도무지 찾을 수가 없네요. 오늘은 이 편지의 주인공을 만나러 갈 예정이거든요. 미리 좀 읽게 하고서 떠나려 했는데……."

"원이 엄마의 편지요? 최초의 한글 편지잖아요?"

"아뇨! 다들 원이 엄마의 편지를 최초의 한글 편지로 알고 있으나 이젠 기록이 바뀌었습니다. 얼마 전에 그보다 앞서 쓰인 나신걸의 한글

군관 나신걸이 부인 신창맹씨에게 보낸 편지

15세기 중반~16세기 초반, 대전역사박물관. 대전시 유성구 금고동 안정나씨 묘소에서 출토된 현존하는 최초의 한글 편지.

편지가 새로 발견되었거든요. 그 편지를 통해 한글이 창제된 지 얼마 되지 않은 시기에 일반 백성들 사이에서도 한글이 널리 쓰였다는 것을 분명히 알 수 있게 되었습니다."

"예? 처음 듣는 얘기인데 자세히 좀 들려주세요. 대체 나신걸이 누구이고, 편지의 내용은 어떠한가요?"

"좋습니다. 원이 엄마의 편지에 앞서 나신걸의 한글 편지부터 간략히 살펴보죠.

지난 2011년 대전시 유성구에 있는 안정나씨 문중의 분묘를 이장하던 중 자연적으로 미라가 된 한 여인의 목관이 발굴되었습니다. '나신걸의 아내 신창맹씨'라고만 되어 있고, 이름은 알 수 없었죠. 나씨 집안의 족보를 통해 확인해 본 결과 대략 15세기 중반에서 16세기 초반에 살았던 여인으로 밝혀졌습니다. 그녀의 목관에서는 의복 140여 점과 백자 등의 명기가 출토되었고, 또 머리맡에서는 한글 편지도 발견되었습니다. 그 편지는 남편인 군관 나신걸이 함경도 종성으로 전근을 가면서 집에 있는 아내 신창맹씨에게 보낸 것이었습니다. 평소 그녀는 이 편지를 매우 소중히 여겼던 듯한데, 이에 그녀가 죽자 머리맡에다 고이 넣어 주었던 것입니다.

편지의 내용을 보면, 나신걸은 지방의 군관으로 집 근처에서 근무하다가 겨울이 다 되어 갑자기 북쪽 지방인 함경도 종성으로 전근을 가게 되었습니다. 그래서인지 가족들도 못 보고 갑자기 떠남을 몹시 애석해합니다. 심지어 그는 자기 상관인 장수를 매우 원망하기까지 합니다. 또 벌써 북쪽 지방의 추위가 걱정되는지 군복이자 방한복 철릭을 빨리 보내 달라고 거듭 부탁합니다.

특히 이 편지에서 주목되는 점은 나신걸의 아내 사랑이 대단했다는 것입니다. 우선 그는 아내가 고생할 것을 생각해서 집안의 논밭을 다 남에게 소작을 주고 농사를 짓지 말라고 당부합니다. 그와 함께 노비나 농사, 세금, 부역 등 각종 집안일을 어떻게 처리해야 할지 자세히 일러 줍니다. 또한 화장품인 분과 귀한 바늘을 구해 선물로 보내 주기도 하고요. 당시 그것들은 아주 고가품으로, 하급 무관이었던 나신걸은 아마 몇 달 치 녹봉을 탈탈 털었을 것입니다."

"와! 조선시대 남편들의 부인사랑이 얼마나 대단했는지 잘 보여 주는 편지인 듯한데, 저도 잠깐 볼 수 없을까요?"

"좋습니다. 지난번에 내가 어느 잡지에 칼럼을 쓰면서 새롭게 번역했는데, 그걸 직접 읽어 보세요."

정 교수가 책꽂이에서 그 잡지를 꺼내어 주니, 이 기자는 곁에 서서 힘찬 목소리로 읽어 나갔다.

논밭은 다 소작을 주고 농사짓지 마소. 내 철릭 보내소. 안에다 입세. 봇논[洑] 모래 든 데에 가래질하여 소작 주고 절대 종의 말 듣고 농사짓지 마소. 내 헌 비단 철릭은 기새(인명)에게 주소. 그 옷을 복경이(인명)한테 입혀 보내네. 가래질할 때 기새 보고 도우라 하소. 가래질을 다하고 순원이(인명)는 내어 보내소. 부리지 마소. 꼭 데려다 이르소. 영동에 사는 함경도 경성의 군관이 다음 달 열흘께 들어오니 거기로 가서 내 옷 함께 가지고 들어오라 하소. 꼭 영동에 가서 물어 그 군관과 함께 들어오라 하소. 그 군관의 이름은 이현종이라 한다네. 내 삼베 철릭이랑 모시 철릭이랑 성한 것으로 가리어 다 보내소. 분과 바늘 여섯을 사서 보내네. 집에도 다녀 가지 못하니 이런 민망한 일이 어디에 있을까. 울고 가네. 어머니와 아기와 함께 잘 계시오. 내년 가을에 나오고자 하네. (중략)

안부가 몹시 궁금해 계속 쓰네. 집에 가서 어머님이랑 아기랑 다 반가이 보고 가고자 했는데, 장수가 자기 혼자만 집에 가고 나는 못 가게 해서 다녀 가지 못하네. 이런 민망하고 서러운 일이 어디에 있을까? 군관에 자원하면 내 마음대로 하지 못한다네. 가지 말라고 하는 것을 구태여 가면 병조에서 회덕골(집)로 사람을 보내 잡아다가 귀양 보낸다 하니, 이런 민망한 일이 어디에 있을까. 아니 가려 하다가 마지못해 함경도 경성으로 군관이 되어 가네. 내 낡은 칼과 겹철릭을 보내소. 거기에 가면 흰 베와 명주는 흔하고 무명이 아주 귀해서 관원들이 다 무명옷을 입는다 하네. 나도 무명 겹철릭과 무명 홑철릭을 입을까 하네. 모름지기 많이 해서 설을 쇠기 전에 경성으로 단단히 해서 들여보내소. 옷을 설까지 미처 못 지을 것 같거든 가는 무명이나 많이 보내소. 두 소매 끝에 토시를 둘러 보내소. 무명이 있으면 거기에선들 옷이야 못 하여 입을까마는 걱정되네. 모름지기 잘하여 보내소. 길이 한 달 길이라 하네. 양식을 넉넉히 하여 주소. 모자라지 아니하게 주소. 논밭의 온갖 세납은 형님께 내어 달라 하소. 공물은 박충의 댁에 가서 미리 말해 바꾸어 두소. 쌀도 찧어다가 두소. 고을에서 오는 모든 부역은 가을에 정실이(인명)에게 자세히 차려서 받아 처리하라 하소. 녹송이(인명)가 슬기로우니 물어보아 모든 부역을 녹송이가 맡아서 처리하라 하소. 녹송이가 고을에 가서 뛰어다녀 보라 하소. 쉬이 바치게 부탁하라 하소.

편지를 읽고 난 이 기자는 감탄을 금치 못하며 말하였다.

"우와! 나신걸의 아내 사랑은 정말 대단했던 듯해요. 집안일을 이렇게까지 꼼꼼히 신경 쓰고, 아내를 위해 아주 귀한 선물을 사서 보내주고 말이에요. 특히 그는 편지에서 계속 '하소'라고 존칭어를 사용하며 아내를 존대하고 있잖아요. 그는 오늘날로 치면 애처가 수준을 넘어 공처가에 가까운 사람이었던 듯해요. 정말 놀라운 사실이네요."

요절한 남편

그때 정 교수가 책상 앞에 쌓인 자료들 속에서 한 장의 종이를 찾아내 이 기자에게 보여 주며 말했다.

"아니, 놀라긴 아직 이르답니다. 이게 바로 이응태의 무덤에서 나온 원이 엄마의 한글 편지랍니다. 1586년 죽은 남편에게 보낸 편지였죠. 이 편지를 보면 조선 중기 사람들의 부부사랑이 얼마나 대단했는지 자세히 알 수 있습니다. 어이쿠! 시간이 너무 늦었으니 가면서 읽도록 하세요."

그러고 나서 정 교수는 서둘러 조선 중기로의 역사 인터뷰를 떠나갔다. 도중 여느 때처럼 원이 엄마의 편지에 대해 간략히 소개해 주었다.

"원이 엄마의 편지는 1998년 4월 경북 안동시 정상동 일대의 택지 조성 공사 중 이응태의 묘에서 발굴되었습니다. 당시 이응태의 묘에서는 부인의 치마와 아이의 저고리 등 수십 벌의 의복을 비롯해서 아버지와 주고받은 편지 아홉 통, 형이 보낸 시 두 편, 원이 엄마의 한글 편지, 기타 장신구들이 함께 출토되었습니다. 또 머리맡에서는 삼과 머리카락을 섞어 만든 미투리도 발견되었고요. 현재 이것들은 모두 안동대학교 박물관에 소장되어 있답니다.

묘의 주인공인 이응태(1556~1586)는 군자감 참봉을 지낸 이요신의 2남 2녀 중 둘째아들로, 서른한 살의 젊은 나이로 세상을 떠나고 말았죠. 형은 이몽태였고요. 발굴 당시 이응태의 모습은 키가 180센티미터에 이를 정도로 무척 건장한 체격이었다고 해요. 하지만 요절한 탓인지 《고성이씨족보》에도 그에 관한 기록은 이름만 나와 있을 뿐이며, 심지어 묘의 위치조차 제대로 나와 있지 않답니다."

그때 이 기자가 뭔가 이상한 점을 발견한 듯 고개를 갸웃거리며 물었다.

"근데요, 교수님. 이응태의 묘에서 아버지와 형이 보낸 편지와 시가 여러 통 발견되었다고 하셨잖아요. 그럼 이응태도 혹시 처가살이를 하고 있지 않았을까요? 만약 한집에서 살았다면 굳이 편지를 보낼 필요가 없잖아요? 게다가 이 시기는 남자들의 처가살이가 일반적이었다고 했잖아요."

"하하하, 역시 예리하군요! 아버지가 보낸 아홉 통의 편지는 모두 이응태가 죽기 1년 전에 쓴 것들이었죠. 특히 아버지는 편지에서 아들 이응태와 장인의 안부를 동시에 묻고 있습니다. 이로 보면 당시 이응태는 처가살이를 하고 있었던 게 분명합니다. 다시 말해 원이 엄마는 시집살이를 한 것이 아니라, 친정 생활을 하고 있었던 것이지요. 그래서 이들 부부의 금슬이 유난히 좋았던 게 아닐까 합니다. 여자가 친정 생활을 하면 아무래도 애정 표현하기가 좀 더 수월하잖아요."

"그럼 두 사람은 결혼 생활을 얼마 동안이나 지속했나요? 이응태가 서른한 살에 죽었다면 꽤 오랫동안 함께 살았을 듯한데요?"

"아뇨. 그리 길지 않았을 겁니다. 이 시기의 남자들은 보통 스무 살이 넘어 결혼했습니다. 지난번에 만난 퇴계 이황도 스물한 살, 미암 유희춘도 스물다섯 살, 나중에 만나게 될 안민학도 스물다섯 살에 각각 결혼했거든요. 이응태가 세상을 떠날 무렵 두 사람 사이에는 '원이'라는 어린아이가 있었고, 원이 엄마는 뱃속에 또 다른 아이를 임신한 상태였습니다. 이로 보면 두 사람의 결혼 생활은 길어야 5~6년 정도였을 겁니다. 아직은 신혼의 달콤함이 채 가시지 않은, 즉 부부관계가 한창 좋았을 시기라는 것이지요."

남들도 우리처럼 서로 어여삐 여기며 사랑할까?

이윽고 두 사람은 1586년 6월 1일 원이 엄마의 집에 도착했다. 제법 큰 일자형 기와집이었는데, 한밤중이라서 그런지 부모님이 머무는 안방의 불은 꺼져 있고, 건넌방인 원이 엄마의 방에만 등불이 희미하게 켜져 있었다. 마당에는 상가喪家임을 알려 주는 커다란 천막만 쳐져 있을 뿐 사람들은 보이지 않았다. 오늘날과 달리 조선시대에는 장례 기간이 길어서 주로 낮에만 조문객을 받았다.

두 사람이 조심스럽게 방문을 열고 들어가니, 하얀 소복을 입은 원이 엄마가 책상 앞에 앉아 붓을 들고 뭔가를 빽빽이 쓰고 있었다. 160센티미터의 키에 아담한 체격의 그녀는 언뜻 보기에도 곱고 아름다운 모습이었다. 그녀의 옆에는 서너 살가량의 어린아이가 홑이불을 덮고 새근새근 잠을 자고 있었다. 또 원이 엄마는 지금 임신 중인지 저고리의 섶이 조금 불룩하게 나와 있었다.

정 교수는 이 기자와 함께 원이 엄마에게 예를 표한 뒤, 먼저 위로의 말부터 전하였다.

"얼마나 상심이 크십니까? 그토록 다정다감한 남편이었는데, 부인과 아이들을 두고 먼저 세상을 떠나시다뇨."

그 말에 원이 엄마는 갑자기 슬픔이 몰려드는지 고개를 숙이고 작은 소리로 흐느꼈다.

얼마 후 이 기자가 그들의 부부관계, 특히 부부사랑을 듣고 싶어 시간을 거슬러 찾아왔다고 말한 뒤, 본격적으로 질문하기 시작했다.

"남편의 모습은 어땠어요? 키도 크고 체격도 건장했다고 하던데요?"

"예, 누가 봐도 정말 늠름한 남자였습니다. 올곧고 정갈한 분이었죠."

"근데 어쩌다가 한창나이에 일찍 세상을 떠나고 말았나요?"

"몹쓸 돌림병 때문이었습니다. 마을에 불어닥친 전염병을 이겨 내지 못하고 1년여 만에 갑자기 세상을 떠나게 된 것입니다."

"평소 두 사람의 부부관계는 어땠어요? 듣기에 금슬이 아주 좋았다고 하던데요?"

"그이와 전 평소에도 자연스레 연정을 나누며 다정다감하게 살았습니다. 특히 말이 잘 통하여 밤마다 잠자리에 누워 수없이 많은 얘기를 나누었지요. 어떤 때는 날을 꼬박 지새우고 아침을 맞이한 적도 있었어요. 밤새 무슨 할 말이 그리 많았던지……. 그때마다 나는 남편의 넓은 품 안에서 말하곤 했어요. '이보소! 남들도 우리처럼 서로 어여뻐 여기며 사랑할까?' 그럼 남편도 내게 '둘이 머리가 하얗게 세도록 살다가 함께 죽자'고 했고요. 어찌하여 그런 일들을 생각지도 않고 홀로 먼저 가 버렸는지……. 으흐흑!"

원이 엄마는 또다시 고개를 숙이고 작은 소리로 흐느꼈다. 그럼에도 이 기자의 질문은 계속 이어졌다.

"남편을 먼저 보낸 뒤 부인의 심정은 어땠어요?"

하지만 원이 엄마는 쉽사리 대답하지 못하고 계속 흐느끼기만 했다. 그러자 곁에 있던 정 교수가 대신 말하였다.

"그 심정을 어찌 말로 표현할 수 있겠습니까? 이 기자님, 혹시 슬픔에도 농도가 있다는 말 들어 봤나요? 사람이 세상을 살면서 가장 슬픈 일로 뭐가 있을까요? 예, 부모를 잃은 것이지요. 그래서 부모가 돌아가신 것을 두고 '천붕지통天崩之痛'이라 합니다. 하늘이 무너지는 것처럼 슬프다는 뜻이지요. 하지만 먼저 태어난 사람이 먼저 가는 것은 자연의 당연한 이치인지라, 부모 잃은 슬픔은 얼마 안 되어 사그라지기 마련입니다.

그럼 부모를 잃는 것보다 더욱 슬픈 것이 뭐가 있겠습니까? 바로 자신의 배우자를 잃는 것입니다. 부부가 평생 한이불을 덮고 살다가 갑자기 반쪽이 쓱 사라지면, 마치 자신의 가슴 한쪽이 떨어져 나간 것처럼 몹시 슬퍼지지요. 그래서 금슬이 좋은 부부는 배우자를 잃으면 얼마 안 있어 그 상실감에 병을 얻거나 저승길을 함께 따라가곤 하는 것입니다.

그렇다면 배우자를 잃는 것보다 더욱 슬픈 것이 뭐겠습니까? 예, 맞습니다. 자기 자식을 잃는 것입니다. 사람들은 자식을 잃으면 비록 육신은 땅속에 묻었을지언정, 그 영혼은 자기 가슴속에 묻고 죽을 때까지 슬프게 살아가게 됩니다. 죽은 자식을 아무리 잊고 싶어도 결코 잊히지가 않지요. 그래서 자식으로서 가장 큰 효도는 출세가 아니라 부모가 살아 계시는 동안 몸 건강히 잘 살아 주는 것입니다. 이제 원이 엄마의 심정을 알 수 있겠지요?"

"예, 배우자를 잃은 사람의 심정이 어떠할지 충분히 공감할 수 있겠어요."

원이 엄마의 한글 편지

이 기자는 다시 원이 엄마의 앞에 놓인 한글 편지를 주시하면서 물었다.

"이게 바로 그 유명한 '원이 엄마의 한글 편지'인가 보네요. 왜 보내지도 못할 편지를 이렇게 **빽빽**하게 썼어요? 도대체 무슨 할 말이 그리 많기에……"

"나와 자식들 두고 먼저 간 남편이 야속해서 몇 자 적어 봤어요. 관속에 넣어 보내면 혹시 꿈에서라도 나타나지 않을까 해서요. 그렇잖아도 방금 전에 다 썼는데, 내가 잠깐 읽어 줄게요."

원이 엄마는 등불 아래에서 편지를 들고 슬픈 목소리로 천천히 읽어 내려갔다(참고로 현재 인터넷에 떠도는 번역본은 원이 엄마의 목소리가 지나치게 애절하고 나약하게 각색되어 있다. 그래서 필자는 별다른 가감 없이 원문에 최대한 가깝게 다시 번역해서 실어 두고자 한다).

원이 아버지에게
자네 항상 내게 이르되 "둘이 머리가 세도록 살다가 함께 죽자" 하시더니, 어찌하여 나는 두고 자네 먼저 가시는가? 나와 자식은 누구에게 기대어 어찌 살라 하고, 다 버리고 먼저 가시는가? 자네는 나에게 마음을 어떻게 가졌고, 나는 자네에게 마음을 어떻게 가졌던가? 함께 누우면 내 언제나 자네에게 이르되 '이보소! 남들도 우리처럼 서로 어여삐 여기고 사랑할까? 어찌 그런 일을 생각하지 않고 나를 버리고 먼저 가시는가? 자네 여의고는 아무래도 나는 살 힘이 없네. 빨리 자네한테 가고자 하니 나를 데려가소.

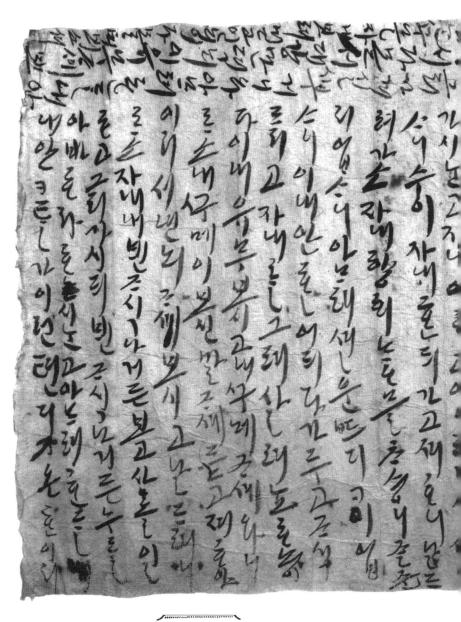

원이 엄마가 죽은 이응태에게 보낸 편지

1586, 안동대학교박물관. 이응태와 원이 엄마는 평소에도 자연스럽게 사랑을 표현하며 다
정다감한 부부생활을 했다.

위닉 아바님젼 샹빅

방슌 유월 초☐☐☐ 지위서

자내 샹해 나드려 닐오ᄃᆡ 둘ㅎㅣ 머리 셰ᄃ
독 사ᄒᆞ다가 주거져 ᄒᆞ시더니 엇디ᄒᆞ야
모ᄆᆞᆫ ᄒ두고 자내 몬져 가시ᄂᆞᆫ고
ᄌᆞ시글 ᄀᆞ뎌 리변ᄒ야 엇디ᄒ야 살가 ᄒᆞ야
ᄒᆞ야라ᄒᆞ디고 ᄒᆡ 자내 몬져 가시ᄂᆞᆫ고 자내
날향ᄒᆡᄂᆞ을 엇디 가지며 ᄂᆞᆫ 자내 향ᄒ야
ᄒ믈ㅇᄃᆞ 이리 가지로 ᄀ양 자내ᄃᆞ려 내
회마ᄒᆞ되 엇더니 ᄒᆡ
ᄌᆞ식 ᄀᆞᄂᆞ되 이부ᄂᆞ의 설이 ᄉ댱ᄒᆞ리ᄂᆞᆫ고
ᄀᆞ리 서르 ᄉᆡᆸ여ᄉ뎨 이리ᄒᆞ니 엇디

자네를 향한 마음을 이승에서 잊을 길이 없네. 아무래도 서러운 뜻이 그지없네. 내 마음 어디에 두고 자식 데리고 자네를 그리워하며 살려고 하겠는가. 이 편지 보시고 내 꿈에 와서 자세히 이르소. 내 꿈에 이 편지 보신 말 자세히 듣고자 하여 이리 써서 넣네. 자세히 보시고 내게 이르소. 자네 내 뱃속의 자식 낳으면 보고 말할 것이 있다 하고서 그리 가시니, 뱃속의 자식 낳으면 누굴 아버지라 하라 하시는고. 아무리 한들 내 마음 같을까. 이런 슬픈 일이 하늘 아래에 또 있을까. 자네는 한갓 그곳에 가 계실 뿐이지만, 아무리 한들 내 마음같이 서러울까. 하고 싶은 말이 끝이 없어 다 못 쓰고 대강만 적네. 이 편지 자세히 보시고, 내 꿈에 와 자세히 보이고, 자세히 이르소. 나는 꿈에 자네를 보려 믿고 있다네. 몰래 와서 보여 주소서. 하고 싶은 말이 끝이 없어 이만 적나이다.

병술 유월 초하룻날 집에서

원이 엄마의 편지를 듣고 난 이 기자는 감탄을 금치 못하며 말하였다.

"와! 정말로 두 분은 다정다감한 부부였던 듯해요. 평소에도 이렇게 자연스럽게 사랑을 표현하며 살았으니 말이에요. 그래서인지 남편과의 사별을 더욱 인정하지 않으려는 듯하고요. 또 원이 엄마의 목소리로 직접 들어 보니, 두 사람이 평소 대등한 입장에서 거의 친구처럼 살았다는 걸 알 수 있을 듯해요."

이 기자는 다시 원이 엄마의 곁에 놓인 미투리를 보며 물었다.

"이 미투리가 바로 원이 엄마께서 머리카락을 잘라 삼과 함께 엮어 만들었다는 것인가요?"

"예, 맞습니다. 남편이 병석에 누워 있을 때 어서 빨리 낫기를 기원하며 직접 엮은 것입니다. 머리카락까지 잘라 정성을 들여 만들었건만 결국 신어 보지도 못하고 떠나가 버렸네요."

"정말 감동 그 자체네요. 남편을 진심으로 사랑했나 봐요. 그래서일까요? 원이 엄마의 사연을 들은 현대 사람들은 동상과 비석뿐 아니라 소설, 영화, 음악, 무용, 오페라 등 수많은 작품으로 만들어 그대를 예찬하고 있답니다. 그 사랑이 너무도 숭고하고 아름답다고 하면서요."

"그게 대체 무슨 말인지요? 남녀 관계가 비교적 평등한 이 시대의 부부는 다들 그렇게 다정다감하게 살고 있습니다. 유독 우리 부부만 그리 산 것이 아니라는 것입니다. 편지 역시 먼저 간 남편에 대한 야속함과 원망을 표현한 것이기도 하고요. 괜히 나를 '또 다른 열녀'로 만들지 말았으면 합니다. 난 아직 젊고, 앞길이 구만 리 같은 사람이에요. 게다가 홀로 자식들을 키울 수도 없는 노릇이고요."

"예. 저희가 큰 실례를 범했군요. 잘 알겠습니다."

두 사람은 거의 동시에 대답하고, 그만 자리에서 일어나 밖으로 나왔다. 문 여는 소리에 아이가 잠에서 깨어났는지 몸을 뒤집으며 칭얼거렸다. 원이 엄마는 얼른 아이를 품에 안았다. 그리고는 멀리 못 나간다고 하면서 그냥 방 안에서 작별 인사를 고했다.

이후 원이 엄마는?

이 기자는 대문 밖으로 나오자마자 의심쩍은 표정을 지으며 정 교수에게 물었다.

"교수님, 이후 원이 엄마는 어떻게 되었어요? 이상하게도 사람들은 그 뒷이야기를 언급하지 않던데요."

"하하하, 나도 잘 모르겠습니다! 계속 친정에서 혼자 살며 자식을 키웠는지, 아니면 다른 여인들처럼 자식들을 데리고 재가했는지…….원래 족보엔 부인의 이름도 올라와 있기 마련인데, 이응태의 옆자리는 비어 있지요. 또 족보엔 아들 성회가 있었는데, 청송의 진보로 이주해 갔다고 합니다. 그래서 관련 학자들은 원이 엄마가 자식을 데리고 청송의 진보로 재가해 갔을 가능성이 크다고 보고 있습니다. 성회가 원이인지, 뱃속에 있던 아이는 또 어떻게 되었는지 잘 모르겠지만요."

그러고 나서 정 교수는 도리어 이 기자를 향해 물었다.

"혹시 이 기자가 보기엔 어떠했을 것 같습니까?"

"제가 보기에 원이 엄마는 재혼했을 듯해요. 이전의 퇴계 이황도 둘째 며느리를 재가시켰듯이, 이 시기에는 여성들의 재혼이 사회적으로 별로 문제시되지 않았고, 여전히 많이들 이루어지고 있었잖아요. 또 편지를 보면 원이 엄마는 누구보다 사랑(정)이 많아서 결코 혼자 살지는 못했을 듯하고요. 그리고 원이 엄마가 재혼했다고 해서 뭐가 문제겠어요? 그 당시엔 오히려 더 자연스러운 거였잖아요. 그녀에게 재혼하지 않고 평생 수절하며 혼자 살기를 바라는 것은 그야말로 '열녀'

의식에 사로잡힌 것이요, 조선 후기의 가부장적 발상인 듯해요. 원이 엄마의 편지에서 중요한 것은 그들 부부가 함께 사는 동안 서로 깊이 사랑하며 다정다감하게 지냈느냐가 아니겠어요?"

"예, 옳은 말입니다. 남자의 재혼은 당연하고 여자의 재가는 안 된다는 생각은 여전히 조선 후기적 사고에서 벗어나지 못한 것입니다."

죽은 아내에게 보내는 편지

두 사람은 다시 현실로 돌아왔다. 그런데 이 기자가 연구실로 들어가면서 걱정스런 표정으로 말했다.

"오늘은 역사 인터뷰가 너무 빨리 끝난 듯해요. 아무래도 기삿거리가 좀 부족할 듯한데……."

그러자 정 교수가 또다시 책상 위에서 뭔가를 찾으면서 이 기자에게 물었다.

"혹시 조선시대에 남편이 죽은 아내에게 보낸 한글 편지가 있다는 얘기를 들어 봤나요? 원이 엄마의 편지와는 정반대로요."

"예? 금시초문인데요. 그런 것도 있었나요?"

이윽고 정 교수는 이 기자에게 자료 하나를 건네주며 말하였다.

"바로 이겁니다. 1576년 안민학이 스물세 살의 나이로 일찍 세상을 떠난 아내 곽씨에게 애도의 정을 적어 관 속에 넣어 준 것이죠."

"정말 특이한 남자인데요. 안민학이 대체 누구인가요?"

"예, 안민학(1542~1601)은 자가 이습而習이요, 호는 풍애楓崖, 호월당湖月堂이었습니다. 중종 37년(1542) 서울에서 태어났으며, 어려서부터 재질이 뛰어나 아홉 살 때에 벌써 《소학》, 《효경》 등을 읽기 시작했고, 스무 살 전후로는 《심경》, 《근사록》 등 성리학 서적을 접했답니다. 그는 과거에 뜻을 두지 않고 경經·사史·자子·집集 등 모든 학문을 두루 섭렵했죠. 스물다섯 살 때에는 박순에게 나아가 사제 관계를 맺은 뒤, 이이, 정철, 성혼, 고경명 등 유명한 문인들과 교유했고요.

이후 선조 13년(1580) 이이의 추천으로 희릉 참봉이 되었고, 사헌부 감찰을 비롯한 대흥·아산·현풍·태인 현감 등을 지냈으며, 임진왜란 때에는 의병을 모집하는 소모사召募使가 되기도 했습니다. 저서로는 《풍애집》을 남겼습니다."

"그럼, 아내 곽씨는 어떤 사람이었나요? 어쩌다가 그렇게 젊은 나이에 세상을 떠났을까요?"

"아내 현풍곽씨(1554~1576)는 생원 곽개의 딸이었어요. 어릴 적에 아버지를 잃은 곽씨는 홀어머니 밑에서 자라다가 선조 즉위년(1567) 열세 살의 나이로 안민학과 결혼했죠. 두 사람은 거의 아이와 어른이 만난 격이었습니다. 그래서인지 처음엔 서로 말도 하지 않고 밥도 먹지 않는 등 가까이하지 않았다고 해요. 그러나 가난한 집안으로 시집간 곽씨가 홀시어머니를 모시고 아직 공부하는 남편을 뒷바라지하는 등 온갖 고생을 다하면서 부부가 서로 의지하며 금슬 좋게 지냈다고 합니다.

그러던 곽씨는 죽기 5~6년 전부터 심열心熱이 있어 밤에 자다가도 냉수를 찾거나 혓바늘이 돋기도 했지요. 특히 그녀는 아이를 낳을 때마다 산후 조리를 제대로 하지 못했어요. 게다가 막내를 유산하고는 제때에 약을 쓰지 못해, 결국 스물세 살의 나이에 아들, 딸 남매를 두고 먼저 세상을 떠나고 말았던 것입니다."

"정말 불쌍한 여인이었네요. 이후 남편 안민학은 당연히 재혼했겠지요?"

"예, 편지를 보면 안민학은 남은 자식들을 잘 기르기 위해서라도 삼년상을 지낸 후 재혼하겠다고 말합니다. 물론 홀어머니가 있어 자기 뜻대로는 못 하겠지만, 그래도 최소한 1년 상은 지내고 재혼하겠다고 약속하지요. 그와 함께 곽씨의 제사를 아들에게 맡기고, 그 재산도 두 자식에게 나눠 주겠다고 하고요."

마침내 정 교수는 이 기자에게 안민학의 편지를 직접 한번 읽어 보도록 권하였다(이 편지 역시 필자가 별다른 가감 없이 원문의 맛을 최대한 살려 다시 번역한 것이다).

남편 안민학은 아내 곽씨 영전에 고하네.

나는 임인생(1542)이고 자네는 갑인생(1554)으로, 정묘년(1567) 열엿샛 날 혼인하니, 그때 나는 스물다섯 살이고 자네는 열셋이었네. 나도 아버지 없는 궁한 과부의 자식이요 자네도 궁한 과부의 자식으로서 서로 만나, 자네는 아이요 나는 어른이었네. 내 뜻이 어려서부터 독실한 선비를 좇아 배우고자 하고, 부부유별이 사람의 큰 도리이므로 가깝게 하지 말 것이라고 하여, 자네와 내가 함께 가깝게 말인들 했으며, 함께 밥 먹은 적이 있겠는가? 내 자네에게 밤이나 낮이나 늘 가르치되 "어머님께 봉양을 지성으로 하고 지아비께 순종하는 것이 부인의 도리라" 말하더니, 10년을 같이 살아서 바라던 것이 이루어졌네. 그대 내 뜻을 어찌 받고자 할까마는, 궁한 집에 과

〈애도문〉
안민학, 1576, 안승환. 안민학이 스물세 살의 나이로 일찍 세상을 떠난 아내 현풍곽씨에게 애도의 정을 적어 관 속에 넣어 준 것이다.

부 어머니 위에 있고 나도 오활하고 옹졸하여 집안일에는 아주 챙기지 못했다네. 그래도 과부 어머니를 봉양하는 정이 지극했으니 어찌할까? 자네 입을 의복도 못 하고, 행여 방적을 하여도 나에게 주라고 하니, 그대는 겨울이라도 아무런 저고리 하나와 장옷 하나, 누더기 치마만 입고 바지도 벗고 차가운 구들에서 자리를 깔고 견디니, 그 인내심이 이 위에 더 있을까? 그대 점점 자라 키도 커가니 내가 항상 놀리면서 말하기를 "내가 그대를 길러냈으니 나를 더욱 공경하라" 했는데……, 그대 넋이 된들 잊으리오.

내 벗이 있지만 서울에 있고, 내가 어머니를 번거롭게 하여 헛이름을 얻어 두 번씩이나 참봉 벼슬을 하니, 내가 내 몸을 돌아보니 부끄러워 다니고자 하는 뜻이 아닌 것을 그대가 잘 앎으로, 그것으로 기뻐하는 뜻이 없었네. 내가 항상 그대에게 말하기를 "어머님이 너무 완강하게 말씀하셔 마지못해 참봉 벼슬을 했지만, 나중에 파주나 아무 데나 산수 있는 데 가서 새 집을 짓고 죽자" 하니, 그대가 그 말을 좋게 여겨 들으니 내 항상 미안하게 생각했네.

"물욕이 적은 사람은 그대 같은 이가 없도다" 하며 항상 살 땅을 못 얻어 한하더니, 어찌하여 내 몸의 재앙이 쌓였거늘 병든 나는 살고 병 없는 그대는 백년해로할 언약을 저버리고 갑자기 하루아침에 어디로 가신고? 이 말을 이르니 천지가 무궁하고 우주가 공허할 따름이네. 차라리 죽어 가서 그대와 넋이나 함께 다녀 이 언약을 이루고 싶네. 홀어머니 걱정되어 우는 것도 마음대로 못 하니 내 서러운 뜻 어찌 이를까?

그대 5, 6년 전부터는 늘 심열이 있어 밤이면 자다가도 냉수를 달라 하고 혓바늘이 돋곤 했네. 그대의 명이 박하여 모자간의 이별도 만나고, 나도 사나워 그것으로 그대 마음 쓰게 한 일이 많았네. 또 그대 성정을 너무 몰라 조그마한 일이라도 나무라니, 그리하여 병이 많이 들었네. 겨울이면 의복도 그리 추운데, 술나미(아들)를 9월에 낳은 후부터는 조리도 잘못했네.

나중에 을축년(1565) 6월부터는 아래 자식까지 서서 다시 기운이 편치 않아, 누웠다 일어났다 하고 음식도 제대로 먹지 못했네. 나나 그대 어머님이 다 태기라 하여 또 아들일까 하여 기뻐하였네. 그러므로 나를 믿어 약을 제때에 쓰지 못하고, 그해 8월 추석 때 홍주 아버지 묘에 제사를 지내러 가서 그로 인해 유산을 하고, 9월 20일 후에는 그대의 병이 심해져 있으니, 그제야 진짜 병인 줄 알고 의약을 시작했지만 그대가 약을 아니 먹으니, 가까스로 인삼형개산 서른한 첩을 먹었으나 이미 병을 당해 내기 어려웠네. 그대의 명이 그만한 것도 인력으로 어찌할 수 없지만, 그리 병들게 한 것도 내가 남편이 되어 잘못한 탓이네. 다시 이 어떠한 넋이 대답할까.

자식이 둘이 있으니 딸이 가계家計를 꾸릴 것이네. 술나미는 제 목숨이 길어 살아나면, 이는 그대 비록 죽어도 그대를 이어 가고, 우리 다 죽어도 자손이 있어 제사를 지낼 것이니 조금 위로가 되네. 죽지 않고 살아 있으면 사나이 일생을 서러워하며 그저 살까. 내 뜻은 자식이 있으니, 그대 삼년상을 지내고 양첩을 얻어 그대 자식들이 후에 어려운 일이 없게 하고자 하네. 하지만 늙은 어머니가 계시니 일을 종래 내 마음대로 못 할 것이네. 내 뜻대로 3년째 기다리다 장가를 일절 아니 들고 싶지만, 그대 위하여 최소한 한 해는 상복을 입겠네. 첩이나 장가를 든다 해도 수이하지 않고 상복을 벗은 후에야 하겠네. 술나미가 살아나면 그대의 조상 봉사를 오로지 맡기고, 그대의 기물(재산)을 오로지 두 자식에게 나눠 주고 나는 쓰지 않고자 하네. 그대 죽을 때 파주의 아버님 분묘 근처에 묻으라 했네. 나 죽은 후에는 홍주 선영으로 갈 것이네. 이제 그대를 아버님 곁에 묻을 것이니, 내가 죽기 전에는 고혼孤魂이 될 것이요 파주도 아주 버릴 것이네. 그대 임종 때의 말을 좇아 파주에 장사 지내려 하니, 나는 그곳에 가기 어려울 것이네. 내 곧 홍주로 가면 술나미가 어버이를 제각각 묻는 것이어서, 우리는 죽어서나 한데 갈까?

이 일이 이제 끝나지 못할 것이네. 병든 내가 이리 망극한 주검을 보고 얼마나 오래되어서야 죽을꼬. 죽지 않거든 적이 꿈에나 자주 보이고 서러운 뜻 이르소. 그대 어머님을 향해 그대 맡기고 조금이라도 마음 덜까? 다른 자식들을 기르면 자네 생각을 아니할까? 그대 어머님과 자식들은 내가 살았으니 어련히 할까? 잊고 가셨음이 망망하고 서럽고 그리운 정이야 평생을 잇는다 해도 끝이 있을까?

이제 처리하는 일만 하네. 이젠 말도 가득 차서 없으니 자세히 보소. 승지 아주버님과 장녕 아주버님께서 많이 도와주셨네. 벗들도 진정으로 돌아보네. 말을 여기서 그치고 길고 서럽게 우는 것을 그치고자 하네.

병자년 오월 초열흘날에 입관 때 넣네.

읽기를 마친 이 기자는 문득 의아한 표정으로 정 교수에게 물었다.

"교수님, 안민학은 양반 남성이었는데 왜 하필 한글 편지를 썼을까요? 평소 그들은 주로 한자를 썼잖아요?"

"음……, 그건 말이죠, 부부사랑 때문이 아닐까요? 아내에게 죽어서라도 꼭 읽어 보라고 그러했던 것이죠. 편지의 마지막 부분에서도 안민학은 매우 슬퍼하며 꿈속에서라도 자주 나타나기를 바라고 있잖아요."

"정말로 이 시대의 부부들은 살아서나 죽어서나 자연스럽게 사랑을 표현하며 다정다감하게 세상을 살았던 듯해요. 또한 사별하면 남은 자식들을 위해 개가한 것으로 보아, 대단히 현실적인 사고를 했던 것 같고요."

그리고 나서 이 기자는 나신걸과 원이 엄마, 안민학의 한글 편지를 따로 복사해서 챙겨 들고 회사로 돌아갔다.

조선의 매 맞는 남자들

결혼한 지 이틀째 되던 날 송씨의 어린 여종이 술과 안주를 내왔는데, 홍언필은 일부러 그 여종의 손을 잡았다. 송씨는 보고도 모른 체하고 있다가, 남편이 밖으로 나간 뒤 그 여종의 손을 잘라 내보냈다. 홍언 필은 즉시 본가로 돌아가 영원히 인연을 끊을 뜻을 보였다. 송씨의 부모는 딸의 질투심과 사나움을 나무 랐으나, 송씨는 끝까지 자신을 굽히지 않았다.

조선시대 부부들은 왜 싸웠을까?

이번 주에도 정 교수의 연구실에 찾아온 이 기자는 뭔가 불만이 있는지 갑자기 굳은 표정을 지으며 볼멘소리로 말하였다.

"교수님, 조선시대 사람들은 부부싸움도 하지 않았어요? 가정 폭력도 없었냐고요? 왜 매번 부부관계가 좋았던 사람들 얘기만 들려주시는 거예요?"

"조선시대도 엄연히 사람 사는 세상이었는데 왜 부부싸움을 하지 않았겠습니까? 특히 조선 중기는 아직도 개방된 사회이고 여권이 보장되던 사회라서 그런지, 오히려 현대 사회보다 더욱 치열하게 부부싸움을 벌였습니다. 가정 폭력도 정말 놀라울 정도로 심각했고요. 예, 좋습니다! 어차피 말이 나온 김에 오늘은 조선시대 사람들의 부부싸움에 대해 자세히 알아보죠."

이 기자는 비로소 얼굴에 미소를 지으면서 먼저 당시 부부들이 다툰 이유부터 물어보았다.

"조선시대 사람들은 주로 무엇 때문에 싸웠나요? 역시 성격 차이로 많이 싸웠겠지요?"

"아뇨. 당시는 가(친)족 사회였기 때문에 개인적인 문제보다 공동체적인 문제로 많이 싸웠습니다. 특히 남편의 집안일에 대한 무관심, 다시 말해 살림살이나 자식 교육 같은 가사家事를 돌보지 않아서 싸웠습니다. 예컨대 조선 중기 오희문(1539~1613)의 일기인 《쇄미록》의 한 구절을 살펴봅시다."

1596년 10월 4일. 아침에 아내가 나 보고 가사를 돌보지 않는다고 해서 한참 동안 둘이 입씨름을 벌였다. 가히 한심스럽다.

"하지만 예나 지금이나 부부싸움의 가장 큰 원인은 역시 남편의 외도였습니다. 남편이 몰래 첩을 두거나 기녀를 상대하는 등 외도를 하자, 그에 대한 배신감이나 실망감을 느낀 아내가 강력히 저항하면서 부부싸움이 크게 벌어졌던 것이지요. 그 예로 이문건(1494~1567)의 일기인 《묵재일기》를 들 수 있습니다."

1552년 10월 5일. 아내가 지난밤에 해인사 숙소에서 있었던 일을 자세히 물었다. 기녀가 곁에 있었다고 대답하니, 크게 화를 내며 욕하고 꾸짖었다. 아침에도 방자리와 베개 등을 칼로 찢고 불에 태워 버렸다. 두 끼나나 밥을 먹지 않고 종일 투기하며 욕하니 지겹다.

"어떻습니까? 예나 지금이나 부부싸움의 가장 큰 원인은 서로 비슷하죠?"

〈춘화〉

전傳 신윤복, 《건곤일회첩乾坤一會帖》, 18~19세기, 개인. 예로부터 부부싸움의 가장 큰 원인
은 남편이 다른 여자와 관계를 맺는 이른바 '외도'였다.

"어휴, 수컷들은 정말 어쩔 수 없나 봐요. 호호호!"

아내가 무서워!

이 기자는 계속해서 정 교수에게 물었다.

"그럼 조선시대 가정 폭력은 어땠어요? 그때도 매 맞는 여자들이 많았겠지요?"

"아뇨! 이상하게도 조선 중기까지는 매 맞는 여자들에 대한 기록은 거의 찾아볼 수 없습니다. 반대로 아내를 무서워한다거나 매 맞는 남자들에 대한 기록은 쉽게 찾아볼 수 있죠. 우선 아내를 무서워하는 남자, 즉 외처가畏妻家에 대해선 대표적으로 서거정(1420~1488)의《태평한화골계전》에 실린 이야기를 들 수 있습니다."

한 대장이 있었는데, 아내를 몹시 두려워하였다. 하루는 교외에서 홍기와 청기를 세워 놓고 휘하의 군사들에게 명을 내렸다.

"아내를 두려워하는 자는 홍기 아래로 모이고, 아내를 두려워하지 않는 자는 청기 아래로 모여라!"

군사들은 모두 홍기 아래로 갔다. 그런데 유독 한 군사만이 청기 아래로 가는 것이었다. 대장은 그 군사를 장하게 여기며 칭찬하였다.

"너야말로 진정한 대장부로다. 천하의 사람들은 모두 아내를 두려워한다. 나도 대장으로서 백만 대군을 이끌고 전장에 나서면 사력을 다해 싸우지. 화살과 돌이 빗발쳐도 조금도 위축되지 않는다. 허나 집 안에만 들어가면 대장으로서의 위엄을 지키기는커녕 도리어 아내에게 제압당하고 만다. 근데 너는 대체 어떻게 처신했기에 그렇게 할 수 있었는가?"

그러자 군사가 대답하는 것이었다.

"아내가 항상 제게 주의를 주었습지요. '남자들은 셋만 모이면 반드시 여색을 얘기하기 마련이오. 그러니 세 사람 이상 모이는 곳에는 절대로 가지마시오!' 저 홍기 아래를 보니 모인 사람들이 매우 많았습지요. 그래서 그리로 가지 않았던 것입니다."

그 말에 대장이 길게 탄식하며 말하였다.

"아! 정녕 이 세상엔 아내를 두려워하지 않는 자가 한 명도 없단 말인가."

"또한 매 맞는 남자들의 이야기도 곳곳에서 찾아볼 수 있습니다. 그중 임방(1640~1724)의 《천예록》에 실려 있는 우상중 이야기를 살펴봅시다."

우상중은 공주 지방의 무인이다. 용기와 힘이 빼어나 무과에 급제했다. 인조 초년에 서울에서 벼슬살이를 했다.

갑자년(1624) 이괄의 난 때 임금의 수레를 모시고 노량진 나룻가에 이르렀는데, 다만 배 한 척이 강 언덕에서 얼마쯤 떨어진 곳에 있었다. 병사들이 급히 불렀으나 뱃사공은 흘긋 쳐다보더니 끝내 노를 저어 오지 않았다. 우상중이 옷을 벗고 물에 들어가 헤엄을 쳐서 그 배로 뛰어올라가 사공의 목을 베고 돛을 세워 배를 몰고 왔다. 이때부터 그는 벼슬이 계속 올라 전라도 수군절도사가 되었다.

한번은 도내에 있는 전선戰船 수백 척을 거느리고 통영으로 훈련하러 가는

데, 기생을 태우고 풍악을 울리면서 갔다. 그의 종 가운데 수군 병영에 있다가 집으로 돌아간 자가 있었다. 우상중의 아내가 자기 남편이 어떻게 지내느냐고 묻자, 그 종은 기생을 태우고 풍악을 울리고 다닌다는 이야기를 해 버렸다. 아내는 크게 노하여 말하였다.

"그자가 나와 헤어진 지도 얼마 되지 않았는데, 벌써 그따위 행동을 하다니……. 한번 가서 따끔한 맛을 보여 줘야겠다!"

그리고는 즉시 양식을 싸서 어깨에 둘러메고, 발에는 짚신을 신고 혼자 출발했다. 하루에 수백 리를 걸어서 바닷가에 이르렀다. 우상중의 전선은 아직 통영의 부두에 닿기 전이었다. 아내가 멀리서 큰소리로 불렀다.

"그 배를 빨리 이리 대시오!"

우상중은 그 소리를 듣고 깜짝 놀랐다.

"저건 분명 우리 부인의 목소리일세. 큰 변이 일어나겠구먼!"

그리고 나서 허둥지둥 어찌할 바를 모르다가 즉시 명하여 배를 대게 했다. 아내는 배 위로 훌쩍 뛰어올라 윗자리에 앉았다. 배에 있던 병사들은 모두 피해 달아나고, 우상중은 아내 앞에 가서 무릎을 꿇었다. 그러자 아내가 말했다.

"내가 그토록 경계했거늘 그대는 어찌 기생을 태우고 풍악을 울리며 다니는 것이오?"

우상중이 정중히 사죄하였다.

"내 죽을죄를 지었으니, 오직 당신 명에 따르겠소."

아내가 그에게 볼기를 까라 하고서 손수 매를 들고 30대를 때리니, 엉덩이에서 피가 줄줄 흘러내렸다. 아내는 다시, "볼기를 치는 것만으로는 벌이 부족하오"라고 하더니 우상중의 수염을 거머쥐고 칼로 모두 베어 버렸다.

그런 다음 배에서 훌쩍 뛰어내려 또다시 혼자 걸어서 집으로 돌아갔다.

평소 우상중은 수염이 아름답기로 유명했다. 그 길이가 배꼽까지 닿았는데, 이때부터는 수염이 없는 사람이 되고 말았다.

"물론 이 이야기들은 야사野史에 나오는 얘기라서 그저 우스갯소리일 뿐이라고 주장할 수도 있습니다. 하지만 당시 야사도 누군가 억지로 꾸며낸 이야기가 아닌 세상에 떠도는 재미있는 이야기를 기록해 놓은 것이라는 사실을 잊어서는 안 될 것입니다."

"와, 정말 믿기지 않는 얘기들이네요! 그렇다면 '가정 폭력=매 맞는 여자'라는 등식은 언제부터 본격적으로 생겨난 것인가요?"

"내가 보기엔 조선 후기, 특히 18세기 중후반 이래 생겨난 것이 아닐까 합니다. 원래 가정 폭력이란 힘 있는 자가 힘없는 자를 때리는 법이지요. 고로 여성의 지위가 상대적으로 약화하기 시작한 18세기 중후반부터 매 맞는 여자들이 많아졌던 것으로 보입니다. 대표적인 예로 판소리 〈흥부가〉의 주인공 흥부를 들 수 있죠.

다 이미 알다시피 형 놀부에 의해 집에서 쫓겨난 흥부는 그 많은 식구를 데리고 이곳저곳을 떠돌아다니며 구걸해 먹고 삽니다. 그런데 아내가 어린 것을 등에 업고 바가지를 들고 힘들게 밥을 구걸해 오면, 흥부는 그 상황에서도 가장 노릇을 한답시고 "뭣하다가 이제 왔느냐?"며 짚고 있던 지팡이로 사정없이 때릴 뿐 아니라, 입에 맞는 반찬이 없다고 투정하며 집에 불을 지르려고까지 합니다. 못난 남편이 만만한 아내에게 화풀이를 해대었던 것이지요. 예컨대 신재효본 〈박타령〉의 해당 부분을 직접 살펴봅시다."

불쌍한 흥보댁이 부자의 며느리로 먼 길을 걸어 보았겠나. 어린 자식 업고 안고 울며불며 따라살 제, 아무리 시장하나 밥 줄 사람 뉘 있으며, 밤이 점점 깊어 간들 잠잘 집이 어디 있나. 저물도록 뻣뻣이 굶고, 풀밭에서 자고 나니 죽을밖에 수가 없어 염치가 차차 없어 가네. 이곳저곳 빌어먹어 한두 달이 지나가니, 발바닥이 단단하여 부르틀 법 아예 없고, 낯가죽이 두꺼워서 부끄러움 하나 없네. 일 년 이 년 넘어가니 빌어먹기 수가 터져 흥보는 읍내에 가면 객사에나 사장에나 좌기坐起를 높게 하고, 외촌을 갈 양이면 물방아집이든지 당산 정자 밑에든지 사처를 정하고서 어린 것을 옆에 놓고, 긴 담뱃대 붙여 물고 솔솔을 매든지, 또아리를 걸든지, 냇가나 방죽이나 가까우면 낚시질을 앉아 할 제, 흥보의 마누라는 어린 것을 등에 붙여 새끼로 꽉 동이고 바가지엔 밥을 빌고 호박잎에 건건이 얻어 허위허위 찾아오면, 염치없는 흥보 소견에 가장 태를 하느라고 마누라가 늦게 왔다고 짚었던 지팡이로 매질도 하여 보고, 입에 맞는 반찬 없다고 앉았던 물방아집에 불도 놓아 보려 하고, 별 수를 매양 부리더라.

"이렇게 조선 후기가 되면 못난 남자들이 힘없는 아내들을 거침없이 때리기 시작했던 것입니다."

이러다간 조선 남자의 씨가 마르겠다!

그러고 나서 정 교수는 이 기자에게 다시 말하였다.
"오늘은 중종 12년(1517) 12월 말경의 조정 회의에 참석해 봅시다. 그때 매 맞는 남자들이 한 해 동안에 무려 여섯 건이나 발생하여 조정이 떠들썩했기 때문입니다. 심지어 그중 한 사람은 집에서 쫓겨나 병이 들어 죽기까지 했습니다."

"와, 우리 역사에서도 그런 적이 있었어요? 정말 믿기지 않는 얘기인데요."

이윽고 두 사람은 궁궐 안에서 펼쳐지는 조정 회의에 참석하였다. 높다란 용상에는 중종 임금이 앉아 있고, 그 아래에는 신하들이 두 줄로 열을 지어 서 있었다. 꽤 오랫동안 누구 하나 입을 떼지 못하고 침묵을 지키고 있는 것으로 보아, 나라 안에 뭔가 큰일이 벌어진 듯싶었다. 정 교수와 이 기자는 그들과 약간 떨어진 창가에 서서 가만히 지켜보았다.

얼마 후 임금이 갑자기 손바닥으로 용상을 내리치며 큰소리로 말하였다.

"대체 이를 어찌한단 말이오? 금년만 해도 벌써 이런 일이 여섯 차례나 발생하지 않았소. 이러다간 조선 남자의 씨가 마르겠소. 뭐라 말들 좀 해 보시오!"

"전하, 매 맞는 남자들의 문제는 비단 어제오늘의 일이 아닌 아주 오래된 고질적인 일이옵니다. 그러니 금년에 일어난 사건이라도 전면 재조사해서 근본 원인을 찾아내고, 차차 그 대책을 세우는 것이 합당한 줄로 아뢰옵니다."

"음, 옳은 말이오. 사헌부는 금년에 일어난 매 맞는 남자들의 사건을 하나씩 차근차근 보고해 보도록 하거라."

아내에게 쫓겨나 죽은 이형간

임금의 지시에 한 사헌부 관원이 앞으로 나와 지난 5월 말에 있었던 '이형간 사건'부터 간략히 아뢰었다.

"덕산현감 이형간의 처 송씨는 원래 성질이 지극히 악독하여 남편 이형간을 항상 노복처럼 대했습니다. 지난 5월 말경에도 이형간이 공무가 있어 출타했다가 찬바람을 쐬고 병을 얻어 관아로 돌아왔는데, 송씨가 내아의 문을 닫은 채 결코 들이지 않았습니다. 이형간이 어쩔 수 없이 동헌에 누워 땀을 내고자 이불과 의복을 좀 달라고 청했으나, 그마저도 내주지 않아 끝내 목숨을 잃고 말았습니다. 그리하여 송씨를 여타 상민들처럼 의금부 감옥에 가두고 심문토록 했던 것이옵나이다."

하지만 의금부의 신하가 그 말에 이의가 있는지 한 발짝 앞으로 나와 큰소리로 아뢰었다.

"아니옵니다, 전하! 신이 송씨를 의금부 감옥에 가두고 심문해 보니 사실과 다른 점이 많았나이다. 그때 송씨가 내아의 문을 닫고 안으로 들이지 않은 것은 사실이나, 이형간이 죽은 것은 그 때문이 아니었사옵니다. 그날 밖으로 나온 이형간은 동헌 방에서 잠을 잤는데, 방구들이 숨쉬기조차 답답할 정도로 과열되었음에도 곁에 시중드는 자가 아무도 없어 그로 인해 열기에 지쳐 죽고 말았다 하옵니다."

그 말에 임금이 의금부 관원을 향해 거의 추궁하듯이 물었다.

"허면, 송씨는 어인 연유로 출타했다가 병을 얻어 들어온 남편을 안으로 들이지 않았다더냐? 대체 그자가 무슨 과오를 저질렀기에……."

"이형간의 병이 다름 아닌 음주와 과로로 인해 생겼기 때문이옵니다. 당시 송씨도 남편이 공무로 출타했다가 돌아오면 대문을 열어 주려 했다 합니다. 허나 전날 밤 이형간은 고을 앞 정자에서 밤새도록 기녀들을 끼고 술을 마시며 놀다 새벽녘이 되어서야 들어왔고, 그리하여 송씨가 꼴도 보기 싫다면서 대문을 열어 주지 않았다고 하옵나이다."

"쯧쯧쯧, 이형간이 맞을 짓을 했구먼……!"

임금이 혀를 차며 작은 목소리로 송씨의 편을 드는 말을 하자, 사헌부 관원이 다시 큰소리로 아뢰었다.

"전하! 송씨의 극악무도함은 그뿐만이 아니옵나이다. 이형간이 상을 당한 뒤에도 송씨는 일말의 슬퍼하는 기색이 없었다 합니다. 이는 부부간의 도리를 저버린 것이요, 강상죄(삼강과 오상, 즉 인륜을 저버린 죄)를 범한 것이옵니다. 하니 마땅히 송씨를 처형하여 다른 투기하는 아녀자들을 징계하심이 옳은 줄로 아뢰옵니다."

"본 사건은 물론 송씨의 과오도 인정되나, 근본적으론 이형간이 처신을 잘못해서 생긴 일이로다. 고로 송씨를 의금부 감옥에 가두고 심문한 것만으로도 이미 충분한 듯도다."

남편의 첩을 폭행한 홍언필의 아내

사헌부 관원은 다시 지난여름에 있었던 홍언필(1476~1549)의 아내 송씨가 자기 남편의 첩을 심하게 구타한 이른바 '홍언필 사건'에 대해 아뢰었다.

홍언필의 아내도 앞의 이형간의 아내 송씨와 마찬가지로 여원부원
군 송질의 딸이었다. 《중종실록》에 의하면 본디 송질에겐 세 딸이 있
었는데, 모두 질투가 심했을 뿐 아니라 아버지의 권력을 믿고 남편을
매우 하찮게 여겼다고 한다. 원래 송질(1454~1520)은 중종반정 때 정
국공신이 되고 여원부원군에 봉해졌다. 또 중종 8년(1513)에 우의정이
되고 그 후 영의정이 되었으나, 탐욕하고 무능하다는 이유로 곧 탄핵
당하고 말았다.

"전하, 홍언필은 사헌부 지평이 되었을 때 밖에다 몰래 첩을 두고
있었사옵니다. 한데 송씨가 그것을 알고 그 여자를 끌어다가 머리털
을 자르고 온몸이 피투성이가 되게 구타했사옵니다. 홍언필이 조정에
서 퇴근하고 집으로 돌아가다 그 여자의 친척들을 만났는데, 그들이
하소연하기를 '이것이 과연 양반 부녀가 할 짓입니까? 어찌 사람을
이토록 죽을 지경까지 이르도록 할 수 있습니까?'라고 했다 하옵니
다. 이로 인해 홍언필은 조정에서 탄핵까지 받았음에도 계속해서 그
여자의 집에서 기식하니, 사람들이 모두 흉보았다고 하옵나이다."

사실 송씨는 젊었을 때부터 기가 아주 센 여인이었다. 야담집 《금계
필담》에 그녀와 홍언필에 얽힌 재미있는 이야기가 전한다.

송씨가 살던 동네에 질투가 심한 여자가 있었는데, 하루는 화가 난 남편이
그녀의 손을 잘라 온 동네 사람들에게 돌려 가며 보도록 했다. 송씨는 소문
을 듣고 여종을 시켜 그 손을 가져오게 했다. 그리고는 탁자 위에 모셔 놓
고 술을 권하면서 넋을 위로하였다.

"그대는 우리 여자들을 위해 훌륭하게 죽었는데, 제가 어찌 그 넋을 위로하지 않겠습니까."

이로부터 송씨의 소문이 선비들 사이에 널리 전파되어, 감히 그녀에게 장가들려고 하지 않았다. 아버지 역시 딸에게 결혼 문제를 맡겨둘 수밖에 없었다.

그때 홍언필이 꽤 기백이 있었는데, 송씨에 대한 소문을 듣고 자신만만하게 말하였다.

"여자는 남자 하기 마련이거늘, 내가 어찌 그 여자를 두려워하겠는가?"

그리고는 청혼을 하니, 송씨의 아버지가 즉각 허락했다.

결혼한 지 이틀째 되던 날 송씨의 어린 여종이 술과 안주를 내왔는데, 홍언필은 일부러 그 여종의 손을 잡았다. 송씨는 보고도 모른 체하고 있다가, 남편이 밖으로 나간 뒤 그 여종의 손을 잘라 내보냈다. 홍언필은 즉시 본가로 돌아가 영원히 인연을 끊을 뜻을 보였다. 송씨의 부모는 딸의 질투심과 사나움을 나무랐으나, 송씨는 끝까지 자신을 굽히지 않았다.

몇 년 후 홍언필은 과거에 급제하고, 송씨도 잘못을 뉘우쳐 서로 사이좋게 지냈다. 하지만 홍언필은 아내를 대할 때마다 항상 엄한 태도를 보이니, 송씨가 매우 무서워했다.

하루는 홍언필이 아내와 함께 자고 아침에 출근할 때 갑자기 빙그레 웃었다. 그러자 송씨가 물었다.

"평소엔 기뻐하거나 화내는 기색이 한 번도 없더니, 오늘은 왜 갑자기 빙그레 웃는 것입니까?"

홍언필이 흔연히 웃으면서 대답했다.

"지금까지 당신은 내게 속임을 당한 것이오. 그래서 웃었소이다."

"속임을 당하다니요? 그 무슨 말씀입니까?"

"부인이 원래 사납고 질투심이 많잖소? 그래 내가 엄격히 대하지 않으면 제어할 수 없겠기에, 지금까지 한 번도 기뻐하거나 화내는 기색을 보이지 않았던 것이오."

그러자 송씨가 버럭 화를 내며 대들었다.

"이 양반이 여태까지 나를 감쪽같이 속였단 말야!"

그리고는 홍언필의 수염을 잡고 한 움큼 뽑아 버렸다. 그는 미처 피하지도 못하고 수모를 당할 수밖에 없었다.

홍언필이 대궐에 들어가니, 임금이 그 모습을 보고 괴이하게 여기며 물었다. 이에 그는 부끄러워 땅에 엎드린 채로 아뢰었다.

"이는 신이 제가齊家를 잘못한 소치이옵니다."

그리고 나서 전후 사정을 말하니, 임금이 분노하여 내관을 통해 송씨에게 약을 보내 자결토록 했다. 물론 그 약은 극약이 아니라 꿀물이었다. 하지만 그녀는 안색조차 변하지 않고 그 약을 달라 하여 단번에 마셔버렸다.

임금은 그 소식을 듣고 감탄하며 말하였다.

"아, 참으로 사나운 부인네로다!"

그 후로는 홍언필도 능히 송씨를 제어하지 못했다고 한다.

송씨의 성격을 이미 잘 알고 있는 임금은 더 이상 어찌 할 수 없음을 알고 이번에도 그냥 넘어가고자 했다.

"송씨의 천성은 하루아침에 고치기 어렵고, 또 홍언필 역시 잘못을 저질렀으니, 이번 일도 쉬이 판단키 어려울 듯하다. 쯧쯧쯧, 그 부인에 그 남편이로다!"

그때 창가에 서서 조정 회의를 지켜보고 있던 이 기자가 정 교수에게 귓속말로 물었다.

"교수님, 이후 홍언필은 어찌 되었나요? 혹시 이형간처럼 잘못되지는 않았나요?"

"아뇨. 이후 홍언필은 이조, 호조, 병조, 형조 판서 등을 거쳐 우의정, 좌의정, 영의정에까지 올랐습니다. 홍언필과 송씨의 아들 홍섬 또한 명종과 선조 임금 때 무려 세 번이나 영의정에 오르는 등 뛰어난 재상이 되었고요. 특히 홍언필은 나이가 들어서도 사치를 좋아하지 않았습니다. 실제로 환갑을 맞아 자식들이 음악으로 술자리의 흥을 돋우려 하자, '기생의 음악이 다 무엇이냐?'고 하면서 모두 물리쳤다고 합니다."

"역시 '수신제가 치국평천하修身齊家 治國平天下'라고 자기 아내에게 충실하면 사회적으로도 성공하는 듯해요. 호호호!"

이혼을 선언한 허지·정종보의 아내

얼마 후 사헌부 관원은 앞의 사건들과 비슷한 시기에 일어났던 '허지·정종보 사건'에 대해서도 임금께 아뢰었다.

"허지는 전 사헌부 집의요, 정종보는 지금의 상주목사인데, 그들의 아내도 모두 투기가 심했사옵니다. 허지의 아내는 남편의 친척들을 볼 때마다 말하기를 '남편이 이미 죽었는데 내가 어찌 그를 알겠는가?'라고 하면서, 때로 집안 노비들에게 상복을 입혀 곡하도록 시켰나이다. 하여 소문을 들은 사람들이 모두 통분하게 여겼다 하옵니다.

정종보의 아내는 남편과 대면치 않고 따로 산 지가 10여 년이 넘었는데, 늘 사람들에게 맹세하기를 '일평생 그와 함께 살지 않겠다!'고 했다 하옵니다. 그리하여 정종보가 여러 차례 수령이 되었음에도 단 한 번도 그를 따라간 적이 없었다 하옵니다."

"그 사건들 또한 애초 허지와 정종보가 첩을 두거나 기녀를 상대했기 때문에 아내들이 그러한 것이 아니더냐? 그러니 누굴 원망하고 누굴 탓하겠는가."

임금은 모든 사건이 남편의 외도로 인해 일어났음을 알고 생각할수록 한심하다는 듯 혀를 차며 혼자서 말하였다.

"쯧쯧쯧. 하여간 사내들이란 건듯 하면 한눈을 팔아 집안 분란을 일으킨다니깐!"

간통한 여자를 때려죽인 신수린의 아내

얼마 후 임금은 다시 사헌부 관원을 향해 물었다.

"허면 이달 초순에 도성을 떠들썩하게 만든 신수린 사건은 무슨 연유로 일어난 사건이었더냐? 그것 또한 남편의 외도 때문이더냐?"

"예. 하나 신수린의 아내는 잔인하기가 이를 데 없사옵니다. 군자감 판관 신수린이 집안 여종과 간통하자, 그 아내가 투기하여 여종을 사정없이 구타하고 돌로 입을 쳐서 죽였사옵니다. 게다가 그 시신을 싸서 남편에게 보내 직접 보게 했으니, 세상에 어찌 이토록 참혹한 일이 있겠사옵니까? 대저 처와 첩이 남편을 억누르는 것은 강

〈풍속도〉

전 신윤복, 《풍속도첩風俗圖帖》, 18~19세기, 국립중앙박물관. 조선 중기 여성들은 남편이 첩과 기녀를 상대하는 등 외도를 하면 그냥 참지 않고 심하게 반발하기도 했다.

상綱常의 큰 변고이옵니다. 또 아무리 집안 여종이라 하더라도 어찌 사람을 함부로 죽일 수가 있겠사옵니까? 이것은 정말 통분할 일이옵나이다."

"허허, 괴이한지고! 그 말이 정령 사실이렷다?"

"예, 전하! 저희 사헌부에서도 그 소식을 듣고 가서 신수린의 집안 노비들과 이웃 사람들을 불러 조사해 보았더니, 과연 사실이었사옵니다. 어서 빨리 신수린의 아내를 의금부 감옥에 가두어 심문토록 명하옵소서."

"알겠도다. 신수린의 아내는 극악무도한 자이니, 즉시 의금부 감옥에 가두고 심문토록 하라!"

하지만 고지식하고 깐깐하게 보이는 한 신하가 앞으로 나와 큰소리로 아뢰었다.

"아니 되옵니다, 전하! 옛날 어떤 절부節婦는 어쩌다가 도적이 손을 잡았다고 해서 당장 그 손을 잘랐다고 하옵니다. 지금 규중의 여자를 감옥에 가두기 위해 옥졸로 하여금 그 수족을 잡아 묶게 한다면, 이는 국가가 나서서 절의를 잃게 하는 것이옵니다. 또 예로부터 간음한 부녀는 반드시 감옥에 가두게 했지만, 그 밖의 죄인은 감옥에 가두지 않았사옵니다."

그 말에 사헌부 관원이 큰소리로 강력히 주장했다.

"그렇지 않사옵니다, 전하! 간통한 첩을 잔인하게 죽이고 그 남편까지 능욕했으니, 이는 강상의 죄를 범한 것이옵니다. 강상죄는 필히 의금부에 가두고 상민들처럼 심문토록 법으로 규정하고 있는 줄로 아옵나이다."

그러자 임금은 쉽게 판단을 내리지 못하고 계속 고민에 빠져 있었다. 창가에서 지켜보고 있던 이 기자가 답답한지 또다시 정 교수의 귀에 대고 작은 목소리로 물었다.

"신수린의 아내는 대체 어떤 사람이기에 그토록 잔인한 일을 저질렀나요? 아무리 신분 사회라지만 너무 심한 거 아녜요?"

"신수린의 아내는 정승 성희안의 누이동생으로, 이름은 성아기였습니다. 중종반정 때 신수린도 공신이 되었는데, 그것은 모두 성희안 때문이었죠. 그래서 아내가 항상 남편에게 교만하게 굴었고, 신수린은 그것을 어쩔 수 없이 참았다고 합니다."

"그럼 이후 신수린의 아내는 어떻게 되었나요? 엄벌에 처해졌나요?"

"예. 결국 의금부 감옥에 갇혀 상민들처럼 심문을 받았고, 곤장 60대와 유배형에 처해졌습니다. 일부 신하들이 '양반 부녀는 도둑질이나 간음한 죄가 아니면 곤장을 칠 수 없다'고 주장했지만, 여러 신하들의 말에 따라 홑옷을 입히고 곤장을 치도록 했습니다. 또 남편 신수린은 집안을 제대로 다스리지 못한 죄로 파직을 당했고요."

추한 남편을 구박한 홍태손의 아내

이윽고 조정 회의가 끝날 무렵이었다. 한 신하가 부리나케 궁궐 안으로 들어와 임금께 큰소리로 아뢰었다.

"전하! 홍태손의 아내 신씨가 전하의 하해와 같은 처분에도 굴복지 않고 또다시 승정원에 나아와 억울함을 호소하고 있사옵니다. 본디 그 죄는 사형에 처해야 마땅하온데 저리 끝까지 굴복하지 않으니, 아예 의금부 감옥에 가두고 심문하기를 요청하는 바이옵니다."

"홍태손 아내의 일은 이전에 이미 곤장 100대는 감형하고 서로 이혼만 시키기로 하지 않았는가. 하니 분부대로 시행토록 하라. 또 홍태손은 여태 수령으로 있다 하던데, 한 집안도 제대로 다스리지 못하면서 어찌 한 고을을 다스릴 수 있겠는가. 마땅히 체직시키도록 하라."

그러자 이 기자가 무슨 영문인지 몰라 정 교수를 돌아보며 물었다.

"교수님, 대체 무슨 일이에요? 홍태손의 아내는 무슨 잘못을 저질렀기에 곤장을 맞으려했고, 결국 부부가 이혼하는 지경에까지 이르렀나요?"

"예. 《중종실록》에 따르면 본래 홍태손은 얼굴이 추악하게 생겼으며, 전처와 후처가 모두 아들을 낳지 못하자 나이 50세에 후사가 끊어질 것을 염려하여 다시 신씨에게 장가들었다고 합니다. 그러나 혼담이 오갈 때부터 신씨의 친척들이 말하기를 '꽃다운 나이에 얼굴이 추악하게 생기고 나이까지 많은 남자와 배필이 되면 어떻게 함께 살 수 있겠느냐?'고 했습니다. 신씨 또한 성품이 사나워 항상 분노하고 탄식하며 자신의 여종에게 말하기를 '네 남편은 나이가 얼마나 되느냐? 부부는 나이가 서로 같아야 좋은 것인데, 어떻게 늙은 자를 남편으로 삼을 수 있겠는가'라고 하면서 남편을 매우 못마땅하게 여겼다고 합니다.

신씨는 결혼한 뒤에도 늘 탄식하며 남편과 따로 산 지가 5~6년이나 되었습니다. 또 홍태손을 보고 욕하기를 '너는 추한 얼굴에 나이도 많고 기력도 없으면서, 무얼 믿고 혼인하여 나를 초췌하게 만드는가? 빨리 죽는 것만 못하다'라고 했답니다. 그리하여 홍태손이 사헌부에 소송하니, 법에 따라 곤장 100대에 처하고 서로 이혼하도록 했습니다. 하지만 임금은 곤장은 감형하고 이혼만 시키도록 명했습니다. 그럼에도 신씨는 그 판결이 부당하다고 여기고 저렇게 계속 조정에 나아와 억울함을 호소하고 있는 것입니다."

"와, 정말 대단하네요! 이 시기 여성들은 정말 자기주장이 확실했군요. 부당한 처사를 당하면 끝까지 항거하기도 했고요."

부부싸움은 소통의 과정이다

임금은 몹시 피곤한지 잠시 눈을 감고 있었다. 그리고는 얼마 후 다시 눈을 뜨고 신하들을 향해 물었다.

"대체 우리 조선에선 왜 이리 아내가 남편을 능욕하는 일이 자주 벌어지는 것인가? 물론 남자들이 처신을 잘못해서 생긴 일이긴 하나 그 정도가 너무 심한 것 아닌가."

그러자 아까 그 사헌부 관원이 앞으로 나와 큰소리로 아뢰었다.

"다른 무엇보다 혼례 제도 때문이 아닐까 하옵니다. 중국에선 친영 (남자가 신부 집에 가서 여자를 맞다가 혼례를 올림)과 시집살이를 하고 있는데, 우리나라는 그와 반대로 장가와 처가살이를 하고 있사옵니다. 이로 인해 아내가 부모의 힘을 믿고 남편을 가벼이 여겨 마침내 가도家道가 무너지고 있습니다. 이젠 우리나라도 중국을 본받아 혼례 제도를 바꾸어야 합니다. 또 여자들에겐 일절 재산을 주지 말아야 하며, 제사도 지내지 못하게 해야 하옵니다."

"조상 대대로 이어 온 전통을 어찌 쉽게 바꿀 수 있겠느냐? 허나 우리도 언젠가는 중국처럼 혼례 제도를 바꾸어 더 이상 매 맞는 남자들이 나오지 않도록 해야 할 것이다."

마침내 임금은 조정 회의를 끝내고 휴식을 취하기 위해 편전으로 들어갔다. 그에 따라 신하들도 하나둘씩 무리지어 궁궐을 빠져나갔다.

창가에 서서 조정 회의를 지켜보던 두 사람도 현대로 돌아왔는데, 도중 이 기자가 정 교수를 보고 말하였다.

"와, 정말 조선 중기까지만 해도 매 맞는 남자들이 많았다는 게 사실이었네요. 조선 후기와는 정말 달랐던 듯해요."

"예, 당시만 해도 조선은 남녀가 거의 대등하게 살았기 때문에 여자들도 부부싸움을 하면 물러서지 않고 팽팽히 맞섰고, 특히 남편이 첩을 두거나 기녀를 상대하는 등 외도를 하면 쉽게 용납하지 않았습니다. 그래서 부부간 폭력 사건이나, 심지어는 살인 사건조차 자주 일어났습니다. 또 재미있는 사실은 그러한 남편에 대한 아내의 반발이 조선 후기처럼 칠거지악의 하나인 투기로 매도된 것이 아니라, 지극한 당연한 부부싸움의 한 형태로 보았다는 것입니다."

얼마 후 이 기자가 살짝 웃으면서 정 교수에게 물었다.

"후훗, 근데 교수님도 부부싸움을 하시나요? 갑자기 궁금해서요."

"왜 안 하겠어요. 우리도 결혼 후 10년 정도는 신랄하게 싸웠습니다. 사람들은 젊어서 결혼하나 늦어서 결혼하나, 어쨌든 10년 정도는 지겹게 싸운다고 합니다. 그러면서 서로 적응하며 단짝이 되어 가는 것이죠.

부부싸움은 피하는 것만이 능사가 아닙니다. 불만을 쌓아 두면 언젠가는 터지게 되어 있고, 그때는 정말 걷잡을 수 없게 되죠. 그러니 평소에 적절히 싸우면서 풀어 주는 게 좋습니다.

부부싸움은 일종의 소통 과정이랍니다. 고로 대화를 잘하는 게 중요하지요. 대체 부부싸움을 어떻게 해야 하느냐고요? 아무리 화가 나도 최대한 참으며 상대가 하는 얘기를 끝까지 듣는 게 중요합니다. 그래야 문제의 원인을 찾고 해결책을 마련할 수 있기 때문이죠.

특히 남자들은 머리가 아프다거나 남 보기에 창피하다고 중간에 어설픈 변명이나 약속, 선물 공세, 잠자리 등으로 대충 넘어가려 하곤 합니다. 그러나 부부싸움은 일단 시작했다면 자신의 잘못을 깨끗이 인정하고 사과할 정도로 충분히 하는 게 좋습니다. 물론 분노가 극에 달할 때는 잠시 휴식 시간을 갖는 게 좋지만요. 또 어떤 경우라도 상대방에게 폭력을 행사해서는 안 됩니다. 그럼 죽을 때까지 영원히 상처로 남기 때문입니다.

끝으로 부부싸움은 산이나 강, 바다 같은 자연 속에서 하는 것도 좋습니다. 왜냐하면 자연은 인간의 마음을 편안하게 해 주는 힘이 있기 때문이지요."

"그러고 보면 부부싸움이란 남녀가 함께 살아가면서 꽉 막혀 있을 때 겪게 되는 일종의 '감기' 같아요. 그래서 잠시나마 서로 돌아보게 되는 것이지요."

이날은 또 다른 측면에서의 조선시대 부부사랑 이야기를 들은 탓인지, 이 기자는 매우 만족스런 표정으로 회사로 돌아갔다.

이광사 ⊙ 문화유씨

어찌 그리 허무하게 가시는고

이내 한이 이와 같으니
그대 한도 응당 그러하리
이 두 한이 길이 흩어지지 않는다면
반드시 만날 인연 있고말고.

노처녀·노총각의 기원

요즘 제때에 결혼하지 못하고 혼자 살아가는 사람들이 갈수록 많아지고 있다. 극도의 경쟁 사회 속에서 취업률 저하, 결혼이나 양육 비용의 증가, 기타 개인주의 팽배 등의 이유로 결혼을 못 하거나 아예 포기해 버린 사람들이 계속 늘어나는 것이다. 정부 통계에 의하면 향후에는 다섯 사람 중 한 사람 이상이 결혼하지 않고 혼자 살아갈 것이라고 한다.

이날 정 교수는 이 기자가 연구실에 들어서자마자 실례를 무릅쓰고 물었다.

"이 기자는 결혼했나요?"

"갑자기 웬 결혼 타령이세요? 마땅한 짝이 없어 아직 못했어요. 학교 다닐 때 미팅도 해 보고 직장 다닐 때 맞선도 보긴 했지만, 딱히 마음에 드는 남자가 없더라고요. 전 부부가 함께 직장도 다니고 집안일도 함께하고 싶은데, 남자들은 여전히 집안일이나 육아는 여자들 몫이라고 생각하잖아요. 또 요즘 남자들은 자기 관리를 너무 안 하는 듯해요. 여자들은 그나마 다이어트나 운동, 독서를 하며 조금씩이라도 자기 관리를 하는데, 남자들은 사회적 제약이 없어서인지 거의 안 하는 듯해요. 그래서 한국 남자들은 갈수록 몸집이 비대해지면서 멋이 없어 보여요."

"예. 요즘 많은 여성이 학업을 이어 가거나 직장 생활을 하다 보니, 자신도 모르게 결혼할 때를 놓친 경우가 많습니다. 그럼, 부모님의 성화가 만만찮을 듯한데요?"

"말도 마세요. 서른 중반이 다 되도록 결혼을 안 한다고 얼마나 달달 볶는지……. 요샌 아예 사람 취급도 하지 않고, 심지어 화가 나면 제 이름을 호적에서 파 가라고까지 한다니깐요! 주위 사람들도 건듯하면 노처녀 히스테리라고 야단이고요. 결혼하지 못한 걸 다들 제 탓으로만 여기는 듯해서 너무 억울해요."

정 교수는 그 말에 충분히 공감한다는 듯 고개를 끄덕이며 다시 물었다.

"음, 알 만합니다. 한데 그 노처녀·노총각이란 말은 언제부터 생겨나고 본격적으로 유행했는지 아세요?"

"결혼의 역사는 길고 길므로 아주 오래되지 않았을까요?"

"아뇨. 내가 보기엔 조선시대, 특히 조선 후기에 결혼이 필수화되고 결혼 적령기가 생겨나면서 노처녀·노총각이란 말이 생겨난 듯해요.

사실 고려시대엔 불교의 영향으로 만혼晩婚이나 독신자도 많았습니다. 불교에선 반드시 결혼해야 한다고 강요하지 않았을 뿐 아니라 부계 혈통만으로 가문의 대를 이어 가야 한다는 관념이 희박했기 때문이지요. 그래서 고려시대 사람들은 평생 결혼하지 않고 자신이 하고 싶은 일을 하며 사는 사람들도 있었습니다.

하지만 조선시대엔 유교의 영향으로 '혼인이란 두 성의 좋은 점을 합쳐 위로는 종묘를 받들고 아래로는 후손을 잇는 것이다'라고 하면서 결혼을 필수화했습니다. 다시 말해 남녀는 일정한 연령이 되면 반드시 결혼해서 아이를 낳아야 한다고 했죠.

특히 조선시대엔 여자는 결혼 적령기가 18세 안팎이었고, 20세만 넘어도 노처녀라고 했습니다. 또 딸의 나이가 30세가 넘었는데도 결혼시키지 않으면 그 집의 가장에게 벌을 주도록 했습니다. 조선의 기본 법전인《경국대전》에도 양반의 딸로서 나이가 30세가 되도록 가난하여 혼인하지 못하면 국가가 지원해 주도록 규정하고 있습니다.

그 대표적인 예로 정조 15년(1791) 임금이 한양의 백성 중 집이 가난하여 혼기를 놓친 자가 많음을 알고서, 관청에서라도 혼수를 보조하여 혼례를 치를 수 있게 하라고 명했습니다. 그리하여 당시 50쌍의 남녀가 국비로 혼례를 치르기도 했습니다."

"와, 노처녀·노총각이 조선시대 유교의 영향으로 생겨났다니 참으로 놀라운 사실인데요!"

비로소 한 맺힌 여성사가 시작되다

이윽고 정 교수는 또다시 조선시대로의 역사 인터뷰를 떠날 준비를 하면서 말하였다.

"오늘부터는 17세기 이후 조선 후기 사람들의 부부사랑을 살펴보려고 합니다. 그에 앞서 조선 후기의 사회적 특성, 특히 가족사와 여

〈혼인식婚姻式〉

김홍도, 〈모당 홍이상 평생도慕堂洪履相公平生圖〉, 1780, 국립중앙박물관. 조선 후기엔 결혼 제도가 친영과 시집살이로 바뀌면서 여성들의 지위도 급격히 하락해 갔다.

성사의 변화상부터 간략히 알아봅시다.

조선 후기인 17세기 이후, 특히 18세기 중반에 이르러 완고한 가부장제와 한 맺힌 여성사가 비로소 시작되었습니다. 조선 후기엔 혼인제도가 이전과는 정반대로 친영과 시집살이로 바뀌고, 재산 상속도 남녀 균분에서 아들 중심으로 변해 버렸죠. 가족 제도 역시 부계 적장자 위주로 변하고, 친족 제도도 모계와 처계를 배제한 부계만으로 한정되었고요.

이렇게 여성들이 권리를 잃어 감에 따라 자연히 사회적 지위도 하락했는데, 시간이 흐를수록 남자는 높고 귀하며 여자는 낮고 천하다는 남존여비男尊女卑 의식이 팽배해졌습니다. 또한 결혼 전의 남녀유별과 외출 금지, 결혼 후의 이혼과 재혼 금지, 출가외인 등 각종 제도와 이념으로써 여성들의 행동을 단속하기도 했습니다."

"한마디로 조선 후기엔 가부장제가 실질 사회에까지 정착된 셈이네요. 한데 그 이유가 대체 뭔가요? 무엇 때문에 가족사와 여성사가 그렇게 갑자기 바뀌게 되었나요?"

"여러 가지 이유가 있었지만, 가장 근본적으론 문벌 사회의 도래 때문이었습니다. 1623년 인조반정을 계기로 서인이 정권을 장악하면서 조선 사회에 기득권층인 벌열, 즉 문벌 가문이 등장하게 됩니다. 또 임진왜란과 병자호란 이후 공명첩이나 과거제의 남발로 양반의 수가 늘어나면서 관직을 얻기 위한 심한 쟁투가 벌어지지요. 그 결과 최상층 가문인 문벌 가문만이 벼슬을 해야 한다면서 이른바 '문벌 사회'가 도래하게 됩니다. 특히 그들은 자기 가문을 유지하기 위한 방편의 하나로 위와 같은 완고한 가부장제를 적극적으로 수용했는데, 그리하여 가부장제가 점차 전 사회계층으로 확산되었던 것이지요."

"일부 기득권층의 사회 풍조가 모든 계층으로 확산되다니……. 상류층을 지향하는 인간의 욕망은 예나 지금이나 별로 차이가 없는 듯해요. 그래서인지 상류층은 어디에서도 항상 우월한 위치에 설 수밖에 없는 듯하고요."

"예, 맞습니다. 앞으로 우리는 이러한 사회적 특성을 토대로 조선 후기 사람들의 부부관계, 특히 부부사랑에 대해 살펴볼까 합니다. 조선 후기 부부사랑은 대체로 두 가지 경향을 띠고 있습니다. 먼저 남성은 죽은 아내에 대한 안타까움이나 그리움을 글로 표현하곤 했는데, 대표적으로 이광사, 박지원, 심노숭, 김정희 등을 들 수 있죠. 특히 이들은 아내가 죽은 후 그 사랑을 가족들에게 쏟곤 했는데, 이에 따라 조선 후기의 부부사랑은 가족 사랑과 밀접한 관련을 맺고 있습니다. 아마도 그것은 조선 후기에 가족주의가 강화되었기 때문이 아닐까 합니다. 반면에 여성은 양성평등 부부상을 보여 주며 탁월한 업적들을 남기곤 했는데, 대표적으로 이빙허각, 강정일당, 김삼의당 등을 들 수 있습니다. 앞으로 우리는 이들 인물을 중심으로 조선 후기 사람들의 부부사랑을 자세히 살펴볼 예정입니다. 그럼 오늘은 이광사부터 만나러 가 볼까요."

불우한 서예가

"이광사는 조선 후기 대표적인 서예가이자 화가였습니다. 특히 글씨에 능해 '원교체'라는 독특한 필체를 완성했죠.

이광사는 숙종 31년(1705) 이진검과 파평윤씨 사이에서 5남 1녀 중 막내아들로 태어났습니다. 자는 도보道甫, 호는 원교員嶠였지요. 집은 돈의문(서대문) 밖인 한성부 북부 연희방 아현 1계에 있었는데, 오늘날 서대문구 북아현동에 속했습니다. 그곳 금화산의 모양이 둥글고 아름다워 '둥그재[員嶠]'라 불렸는데, 그 이름을 따서 자신의 호로 삼았다고 합니다.

이광사의 집안은 왕족의 후손이요, 소론의 명문가였습니다. 하지만 노론이 지지한 영조가 즉위하자 소론은 실각할 수밖에 없었죠. 이에 위기를 느낀 소론은 영조 4년(1728) 이인좌의 난을 일으켰으나 그마저도 실패하면서 소론의 세력은 더욱 약화되었습니다. 이에 따라 이광사 집안도 거의 몰락 양반이 되었고, 벼슬길에 나아가는 것은 물론 그에 대한 꿈조차 꿀 수 없는 야인의 신세가 되고 말았습니다.

또한 그의 나이 51세인 영조 31년(1755)엔 나주 괘서사건으로 백부 이진유가 처형을 당했는데, 이광사도 그에 연좌되어 함경도 부령으로 유배 가서 7년간 살았습니다. 이후 귀양지에서 사람들을 모아 글과 글씨를 가르쳤다는 죄목으로 호남 땅 신지도로 이배되었고, 그곳에서 16년간 귀양살이를 하다가 정조 1년(1777)에 73세를 일기로 세상을 떠났습니다.

이처럼 이광사의 일생은 불우함의 연속이었습니다. 그래서인지 아내와 가족에 대한 생각이 유달리 간절했지요."

똑 부러진 아내

　얼마 후 두 사람은 이광사의 두 번째 유배지인 전라도 완도 신지도의 금실촌에 도착했다. 신지도는 남쪽 바닷가의 외딴섬으로, 크기는 10여 리 정도 되었다. 섬에는 농부들이 소로 밭을 갈고, 멀리 바다에는 서너 척의 낚싯배가 떠 있었다. 이광사는 마을과 약간 떨어진 허름한 초가집에서 유배 생활을 하고 있었다.

　두 사람이 사립문을 열고 들어가자, 이광사는 조그마한 마루 위에서 붓을 들고 열심히 글씨를 쓰고 있었다. 70여 세가량 되어 보이는 이광사는 비록 백발이 성성하고 수염도 새하얗지만, 그 필체는 몹시 기이하여 용이 날고 호랑이가 날뛰는 듯한 기상이 서려 있었다. 아마도 그의 억눌리고 불편한 심정이 글씨에 은근히 무르녹아 있는 듯했다.

　"글씨 때문에 부령에서 이곳으로 유배지를 옮기게 되었으면서 또다시 글씨를 쓰고 있습니까?"

　정 교수의 질문에 이광사가 여전히 붓을 놓지 않은 채 웃으면서 대답했다.

　"허허허, 그렇소이다. 평생을 야인과 유배객으로 살아온 내가 글씨밖에 또 무엇을 할 수 있겠소? 글씨는 나의 인생이요, 나의 모든 것이외다."

　정 교수가 다시 그의 부부사랑 이야기를 들으러 왔다고 하자, 이광사가 갑자기 슬픈 표정을 지으며 말했다.

　"음, 나의 부부애 말이오? 아주 오래된 일이오나, 바로 어제 일처럼 느껴지는구려.

난 두 번 결혼하였소. 먼저는 열다섯 살에 나보다 두 살 많은 안동 권씨와 결혼했으나, 내 나이 스물일곱 살 때 쌍둥이 딸을 낳다가 먼저 세상을 떠나고 말았소.

두 번째는 2년 뒤인 스물아홉 살 때 나보다 아홉 살 아래인 문화유씨와 결혼했는데, 그리하여 긍익·영익 두 아들과 막내딸을 낳았다오."

"두 번째 문화유씨와는 금슬이 참 좋았다고 하더라고요. 유씨는 어떤 분이었고, 또 부부관계는 어땠습니까?"

"유씨는 매사가 똑 부러지고 현명한 여인이었소. 남편을 하늘처럼 섬겼으나 내가 하는 일이 옳지 않으면 반드시 바로잡으려 했다오.

한번은 이런 일이 있었다오. 나는 젊었을 때부터 글씨 쓰는 재주가 있어 사람들이 담배나 술, 꿩, 생선 등을 가지고 와서 글씨를 써 달라 청하곤 했소. 허나 내가 그것들을 받아 안채로 들여보내면, 아내는 으레 다시 돌려주라며 내보냈소. 내가 갖고 들어가 '받아 두소. 손님은 갔소'라고 하면, 아내는 '그걸 무슨 명목으로 왜 받으셨소?' 하며 다그쳤다오. 내가 인정상 어쩔 수 없었다고 하면, 아내가 냉소하며 '장부가 어질고 유순하여 그렇게 맺고 끊는 게 똑바르지 못하면 장차 무슨 일을 하겠소?'라고 꾸짖곤 했소.

아내는 자녀 교육도 아주 엄하게 했는데, 두 아들을 가르치는 데 법도가 있어 나보다 열 배는 나았고, 두 며느리를 사랑하기를 친딸과 다름없이 했소. 또 늦게 본 막내딸을 다시없이 사랑했으나, 그렇다고 버릇없이 어리광을 부리게 하지는 않았다오. 죽기 전에는 막내딸을 맏동서에게 맡기면서 '건강하고 부모 생각하지 말게 해 주세요' 하고는, 끝내 돌아보지 않았다고 하더이다.

〈횡해橫海〉

이광사, 《원교첩員嶠帖》, 1754, 개인. 이광사의 필체는 몹시 기이하여 용이 날고 호랑이가 날
뛰는 듯한 기상이 서려 있었다.

〈이광사 초상〉

신한평, 19세기, 국립중앙박물관. 이광사의 일생은 불우함의 연속이었다. 그래서일까. 아내
와 가족에 대한 그의 생각은 유달리 간절했다.

한편, 아내는 치산治産 능력도 뛰어났다오. 내 나이 서른세 살에 비로소 둥그재 아래에 집을 사니 몇 해 동안 가히 끼니도 잇기 어려웠소. 그러자 아내가 '큰일을 한번 저지를 수밖에 없겠어요' 하고는, 경기도 고양에 있는 밭 한 뙈기를 팔아 묵은빛을 갚고, 남은 돈으로 더 많은 땅을 사들이지 뭐겠소. 그 땅을 어찌 일궜는지 첫해엔 소출이 겨우 열 섬이던 것이 곧 다섯 배가 되고, 살림살이도 없는 것 없이 얼추 갖추어지게 되었다오.

아내는 정말 집안 살림에 있어서는 내게 조금도 신경 쓰게 한 적이 없었소. 그래서인지 아내가 죽은 뒤로 그 빈자리가 더욱 크게 느껴졌던가 보오."

어처구니없는 죽음

정 교수가 다시 유씨의 죽음에 대해 조심스럽게 물었다.

"그런데 유씨 부인은 왜 그렇게 갑자기 세상을 떠나게 되었습니까? 평소에 무슨 지병이라도 있었나요?"

"아니오. 폐병이 있긴 했으나, 그 때문에 죽은 것은 아니외다. 아내는 스스로 목숨을 끊었소.

내 나이 51세인 영조 31년(1755)에 나주 괘서사건이 일어났는데, 백부 이진유의 역모 죄에 연좌되어 나도 궁궐로 끌려갔었소. 당시 역모 죄는 매우 엄하게 다루었기 때문에 잡혀간 이들은 대부분 사형을 당하거나 아주 먼 곳으로 귀양을 갔소.

아내는 그 상황을 당하자 벌써 살 뜻을 잃어버린 듯했소.

'이 양반이 역모 죄에 걸렸으니 어찌 살 리가 있겠는가? 남편이 이미 살지 못할진대, 내 무엇을 바랄 게 있어 구차히 산단 말인가? 허나 우리 아버지께서 나를 살뜰히 키우신 것을 생각하면 이 몸을 차마 칼로 찌를 수는 없다. 남자는 이레를 굶으면 죽고 여자는 여드레를 굶으면 죽는다 하니, 바로 여드레가 이 세상에 머물 기한이다.'

그러고는 물 한 모금도 마시지 않은 지 엿새째 되던 날에 갑자기 내가 포도청으로 끌려가 장차 극형에 처해질 것이라는 헛소문이 퍼졌소. 아내는 그 소리를 듣자마자 곧 일어나 흰 무명을 처마의 들보에 매어 자결했는데, 처음에는 나에 대한 소식이 올까 해서 느슨하게 조이고, 나중에는 바짝 조여 결국 숨을 거두고 말았다오. 그때 아내의 나이는 42세요, 나와 함께 산 지는 22년째였소."

그 소리에 이 기자가 안타까운 표정으로 혀를 차며 말하였다.

"쯧쯧쯧, 정말 어처구니없고 허무하게 세상을 떠나가셨네요! 다른 열녀들처럼 남편을 따라 죽고자 했던 듯해요. 그때 선생께선 얼마나 원통하고 분통했겠어요?"

하지만 이광사는 의외로 담담하게 대답했다.

"아니, 평상시 아내의 성격으로 보아 이미 죽지 않았을까 예견했다오. 처음에 나는 심문을 받긴 했으나, 나중엔 임금께서 나를 살리고자 하여 옥중에서 수십 일을 편안히 지냈소. 허나 밖에서는 그것을 알 리가 없었기에, 아내는 필경 내가 죽었으리라 짐작하고 자결한 듯하오. 옥에서 나간 뒤 두 아들이 상복으로 맞는 것을 보고도 나는 그다지 놀라지 않았소. 아들들은 나를 보자 땅에 엎드려 통곡하며 이러한 아내의 유서를 건네주더이다.

'하늘이 도와 무사히 집으로 돌아오게 된다면 자녀들을 거느리고 여생을 잘 보내시길……'

그런 무정한 여인이 세상에 어디 있단 말이오?"

그제야 이광사는 설움이 복받치는지 흐느끼기 시작했다. 두 사람도 고개를 돌리고 조용히 눈물을 훔쳤다.

얼마 후 정 교수가 먼저 마음을 진정하고 조심스럽게 부탁했다.

"그때 아내를 잃은 슬픔을 시로 쓰셨다고 하던데, 그것 좀 들려줄 수 없을까요?"

"예. 아내를 생각할수록 가슴속의 한이 사무쳐서, 그해 10월 2일 이러한 시 한 수를 지었습니다. 내 잠시 읊어 주지요."

아내의 죽음을 슬퍼하다

이 몸이 죽어 뼈가 재 된다 해도
이 한이야 정녕 풀리지 않으리.
이 목숨이 백 번 태어났다 죽는다 해도
이 한이야 응당 오랫동안 풀리지 않으리.
수미산이 작은 개밋둑이 된다 한들
황하수가 가는 물방울이 된다 한들
천 번이나 고불古佛을 땅에 묻은들
만 번이나 상선上仙을 묻는다 한들
천지가 요동쳐서 나무통 된들

해와 달이 어두워 연기 같아진들

이 한은 맺히고 또 맺혀

오랠수록 더욱 굳어만지리

그 번뇌는 부술 수 없으리니

금강석인들 뚫을 수 있으랴

감춰 두면 응어리가 되고

말로 하면 온 세계에 가득하리라.

이내 한이 이와 같으니

그대 한도 응당 그러하리

이 두 한이 길이 흩어지지 않는다면

반드시 만날 인연 있고말고.

"예, 정말로 두 사람의 한이 흩어지지 않는다면 꼭 내세에 다시 만
나리라 믿습니다."

어린 딸이 보낸 수박씨

정 교수는 다시 이후 그의 유배 생활에 대해 자세히 물었다.

"처음엔 함경도 부령으로 유배를 갔잖습니까? 그곳 생활은 어떠했
나요?"

"나는 전하의 은혜를 입어 다행히 죽음을 면하고 함경도 부령으로
유배를 갔었는데, 부령은 몹시 외진 곳으로 서울에서 2천 리나 되고,

오랑캐 땅과 맞닿아 있는 곳이었소. 다행히 집주인이 자못 예의를 알아 날마다 밥과 국을 차려 주고, 고기며 생선까지 구해 주고, 술도 빚어주고 떡도 쪄주는 등 마치 가족처럼 대해 주었다오. 한번은 내가 진심으로 고마워서 '어찌 그리 내게 잘해 줍니까?'라고 물으니, 집주인이 되려 '귀한 손님이 오셨는데 그냥 둘 수는 없잖습니까. 더 잘해드리지 못해 오히려 소인이 죄송할 따름입니다'라고 대답하더이다. 그자의 은혜는 정말 영원히 잊을 수 없을 것이오."

"그럼, 선생께서 유배 간 뒤 남은 자식들은 어떻게 되었습니까? 특히 늦둥이 막내딸이 어떻게 되었는지 궁금합니다."

"큰아들, 둘째아들은 이미 결혼해서 별문제가 없었으나, 이제 겨우 여덟 살짜리 막내딸은 늘 걱정되었소. 한번은 아들이 유배지로 편지를 가져왔는데, 반가워 얼른 펼쳐 보니 어린 딸이 보낸 편지였소. 어미도 없고 아버지도 멀리 귀양 갔으나 올케언니에게 의지하여 잘 지내고 있다는 것이었소. 글씨가 제법 단정하고 반듯한 게 나를 닮으려고 무척 애쓰는 듯하였소. 또 다른 봉투에는 내가 평소 즐겨 까먹는 수박씨가 들어 있었소. 어린 딸이 정성껏 말려 보낸 수박씨를 받고서 나도 모르게 어찌나 눈물이 흐르던지……. 그리하여 답장으로 긴 시를 써서 보내 주었는데, 내 그것도 잠시 읊어 주리다."

어린 딸이 보낸 수박씨를 받고서

변방이라 날씨 더디 풀려 제철 것도 늦어서
으레 7월에야 앵두가 붉기 시작하지.

〈초충도草蟲圖〉

신사임당, 16세기, 국립중앙박물관. 이광사는 평소 수박씨 까먹길 즐겼는데, 유배 간 뒤로
는 늦둥이 막내딸이 정성껏 수박씨를 말려서 보내기도 했다.

수박은 무산茂山에서나 난다는데

올해는 장마가 져서 모두 뭉크러졌다지.

고을 사람 손을 들어 두 주먹 맞붙이고

자랑삼아 하는 말이 큰 건 이만하다나.

늘 항아리나 술병 만한 수박만 익히 보다가

이 말 듣고 웃음이 나서 밥알이 튀어나와 쌓일 지경.

나는 평소 수박씨 까먹길 즐겨

우습다! 맛 좋은 대추인 양 몹시도 밝혔지.

수박도 없는데 씨를 따질 게 있나

여름 내내 이가 심심하더니

서울 아들 올 때 한 봉지를 가져와선

어린 누이가 부지런히 말려서 바친다 하네.

기꺼이 벗겨 먹고 껍질 뱉으며

기쁜 일 슬픈 일 보며 서로 눈물만 가로세로.

풀로 붙여 보낼 때를 생각하니

알고말고 이 아비 그려 네 눈물이 줄줄 흐른 줄.

소반마다 거둬 모으느라고 손발이 수고롭고

아침마다 볕을 쬐랴 마음을 쓰고

자주 이리저리 눈 굴리며 어린 종이 훔쳐 먹을세라

감춰 두곤 매양 올케에게 당부했으리.

지난해엔 쪼그리고 앉아 같이 깨물어 까먹었는데

오늘 이렇게 서로 헤어질 줄 어이 알았으랴.

이 딸이 늦둥이라 내 살뜰히 사랑커니

두 눈썹은 그린 듯하고 예쁜 모습 많았지.

병든 어미 모시길 제법 잘하고

응대에 민첩하고 넉넉하여 가르칠 것이 없었으니

부모가 아끼기를 세상에 드문 보배인 양

서로 자랑하기 입가에서 침이 질질

좋은 사위 가려서 늙마를 즐기쟀더니

뉘 알았으리오! 여덟 살에 어버이를 다 잃을 줄이야

나야 이제 생이별에 애가 마디마디 무너지나

네 어미 어이 차마 널 버리고 죽는단 말인가

저승에서도 그 눈 응당 감지 못하리니

가슴 헤치며 말하려다 문득 절로 말문 막힌다.

시 읊기를 마치자, 정 교수가 깊이 탄식하며 말하였다.

"유배 간 아버지께 보내려고 수박씨를 모아 말리는 어린 딸의 모습이 정말 눈에 선하네요. 늦둥이 딸이라서 그런지 더욱 살뜰히 챙기는 아버지의 모습도 충분히 느껴지고요. 그러고 보면 선생께선 아내를 잃은 뒤 그 사랑을 가족들, 특히 딸에게 쏟은 듯합니다."

"맞소. 비록 편지를 통해서이나 난 아내를 대신해 딸에게 일상생활의 규범들을 낱낱이 가르치려 했다오. 대표적으로 이듬해인 1756년 5월 12일 딸에게 보낸 편지를 읽어 주겠소."

딸에게 보내는 말

날마다 일찍 일어나 요와 이불을 개어 일정한 자리에 두고, 빗자루를 내려

방을 깨끗이 쓸어라. 머리는 얼레빗으로 빗고서 상
자에 담아 넣어라. 가끔 거울을 보고 눈썹과 귀
밑머리 털을 족집게로 뽑고, 빗살을 깨끗이 쳐
서 때를 없애고, 얼굴 씻고 양치하고 다시 이마와
귀밑머리 털을 빗질로 매만지고 경대를 정리하여라.

수건은 늘 제자리에 두고, 무릎을 꿇고 앉아 한글을 한 번 죽 읽고, 한자는
정한 대로 약간씩 읽어라. 올케에게 배울 때 먼저 바느질하기 쉬운 것이나
솜을 두고 피는 일 따위부터 배우고, 음식은 알기 쉬운 간 맞추기, 삶기, 고
기 저미기, 생선 배 가르기, 채 치기를 배우고, 나물과 젓갈, 김치, 장 담그
기 따위도 배워 두어라.

밥상이 들어오면 무릎을 모으고 공경스럽게 먹고, 밥을 먹은 뒤에는 조금
있다가 단정히 무릎을 꿇고 앉아 한글 두 줄과 한자 한 줄을 베껴라. 벼루
를 거두어 한자리에 두고, 두 오라비에게 규정대로 문자 약간을 가르쳐 달
라 하고, 바느질 등 여러 가지를 복습해라. 할 일이 없거든 바른 몸가짐으
로 단정히 꿇어앉아 있어라. 두 올케가 일이 바빠 미처 못 치운 것이 있거
든 꼼꼼히 살폈다가 자주 일어나 수고를 대신하여라. 올케가 시키거든 공
경스럽게 '네' 하고 바로 일어나 게으름 피우지 말고 봉행하여라. 혹 꾸지
람이 있거든 부끄러운 줄 알고 고칠 생각하고, 뾰로통한 눈치나 성난 대답
을 해선 못쓰느니라.

저녁 먹을 때도 아침과 같이 하고, 저녁을 먹은 뒤에는 두 오라비에게 옛
사람의 아름다운 언행을 물어보고 가슴에 새겨 배울 생각하고, 평소의 행
실은 올케에게서 배운 대로 마음에 새겨 이를 행하라. 등불이 있거든 더러
읽기도 하고, 바느질도 하고, 혹 다른 일도 하되 올케에게 물어 규정대로

해라.

잠자리에 들려거든 쓰던 기물을 정리하고, 누울 자리를 정해 이불과 요를 제 손으로 펴고, 저고리와 바지를 벗어 얌전히 개어 한곳에 두고, 잘 때는 섬돌 아래로 내려가지 마라.

제사나 명절에 참례할 때는 손을 씻고 깨끗한 옷을 입고 제수 만드는 것을 돕고, 예법대로 제사에 참여하여라.

이 밖에 빠뜨린 말은 두 오라비에게 여쭈어 써 달라고 하라. 이렇게 부지런히 행하면 멀리 떠나 있는 이 늙은 아비가 기뻐서 시름도 잊을 것이요, 또한 인자한 네 어미의 넋도 위로받을 수 있으리라.

"일상생활의 규범들을 정말 세심하게도 지적하고 있네요. 꼭 잔소리하는 어머니와 같습니다. 부모 없이 자란 아이라는 말을 듣게 하지 않으려고 무척 신경 썼던 듯합니다."

서녀 주애

이윽고 해가 서쪽으로 기울고 노을이 붉게 질 무렵, 한 소녀가 손에 낚싯대와 고기 바구니를 들고 집 안으로 들어왔다.

"주애야, 이제 오느냐? 손님들께 인사 올려라."

"처음 뵙겠습니다. 소녀 주애라 하옵니다. 소녀는 저녁 준비가 늦어가 봐야 하니, 편하게 말씀 나누세요."

그리고는 종종걸음으로 부엌 안으로 들어가니, 이 기자가 뭔가 이

상한 낌새를 챘는지 이광사를 쳐다보며 날카로운 어조로 물었다.

"저 소녀는 대체 누굽니까?"

"나의 서녀 주애라 하오. 부령에서 유배를 살 때 곁에서 수발을 들어줄 사람이 필요해서 첩을 들였는데, 딸을 낳아 이름을 '주애珠愛'라 지었소. 허나 저 아이가 세 살 때 어미는 죽고 말았고, 부령에서 이곳 신지도로 유배지를 옮겨 올 때 저 아이도 함께 따라온 것이외다."

이 기자는 아내와 자식을 그토록 사랑하던 사람이 첩을 들여 서녀를 낳았다는 사실에 적잖이 놀라워했다. 그와 함께 조선시대 양반들의 특수한 생활상을 다시 한 번 실감하였다. 하지만 이광사는 아무런 의식 없이 서녀 주애를 자랑하기에 바빴다.

"주애는 참 영특하고 슬기로운 아이라오. 글씨도 아주 잘 써서 나중에 내 재주를 이을 자는 주애뿐이라고 생각한다오. 솔직히 우리 아들들도 저 애만 못하는데, 이런 외딴섬에서 고기나 잡고 살아가기엔 너무 아까운 아이외다."

마침내 두 사람은 이광사와 인사를 나누고 현대로 돌아왔다. 도중이 기자가 씁쓸한 표정으로 정 교수에게 물었다.

"이후 이광사는 어떻게 되었나요? 서녀 주애는 또 어찌 되었고요?"

"이광사는 계속 그곳에서 유배를 살다가 정조 원년(1777) 8월 26일 향년 73세의 나이로 세상을 떠났습니다. 아들 긍익과 영익이 함께 상을 치르고, 이듬해 2월 장단에 있는 아내 유씨의 묘에 합장했지요.

서녀 주애도 섬사람에게 시집가서 그곳에서 계속 살았답니다. 그 섬에 유배 간 사람들이 더러 그녀의 글씨와 편지를 보았는데, 하나같이 감탄하지 않는 이가 없었다고 합니다.

이광사는 비록 한평생을 야인으로 유배객으로 살았지만, 그의 개성 있고 독특한 글씨는 당대는 물론 후대에까지 많은 영향을 끼쳤습니다. 그의 글씨가 더욱 빛나는 것은 아마도 그 불우한 삶이 글씨에 고스란히 녹아 있기 때문인 듯합니다. '삶에 지고 역사에 이긴 사람들'이 더러 있는데, 이광사도 바로 그런 사람이 아니었을까 합니다."

말을 마친 정 교수는 갑자기 숙연한 생각에 고개를 떨궜다.

박지원 ⦿ 전주이씨

지조 있는 남자

아버지는 어머니를 여의고 얼마 되지 않아 다시 맏며느리의 상을 당하였다. 그
래서 끼니를 챙겨 줄 사람이 없었다. 사람들은 혹 첩을 얻으라고 권했지만, 아
버지는 우스갯소리로 대꾸할 뿐 종신토록 첩을 두지 않았다. 친한 벗들 가운데
이 일을 두고 아버지를 칭찬하는 사람들이 많았다.

연암파냐, 다산파냐

이른 새벽, 이 기자가 연구실로 뛰어들어오며 정 교수에게 물었다.

"오늘은 대체 어떤 인물을 인터뷰하러 가기에 새벽부터 나오라는 거예요? 이른 시간에 찾아가는 걸 보면 그분은 아주 잠이 없으시나 봐요?"

"맞습니다. 하루에 고작 한두 시간밖에는 잠을 자지 않는 분이랍니다. 그가 누구냐고요? 바로 연암 박지원입니다. 연암은 평소 잠이 아주 적었는데, 새벽 닭 우는 소리를 듣고서야 겨우 잠자리에 들었다가 동이 트기도 전에 일어났다고 합니다. 그래서 우리도 이른 새벽에 찾아가려는 것이지요."

그리고 나서 정 교수는 서둘러 조선 후기로 역사 인터뷰를 하러 떠났다. 도중 이 기자가 졸린 눈을 억지로 뜨고 연달아 하품을 하면서 물었다.

"아흠! 근데 교수님은 연암파세요? 다산파세요? 듣기에 우리나라 학자들은 연암 박지원과 다산 정약용 중 한 분을 마음에 두고 학문의 길을 걸어간다고 하던데요. 자유롭고 개방적이며 창의성을 중시하는 학자들은 연암을, 박학다식하고 천재적이며 논리성을 중시하는 학자들은 다산을 이상향으로 삼고 있다 하더라고요."

"그것참 재미있는 얘기네요. 생각해 보니 나는 지금껏 연암을 마음에 두고 공부해 왔던 듯해요. 그의 곧은 성격과 열린 마음뿐 아니라 인간적 체취, 특히 하층민에 대한 관심이 대단히 매력적이거든요. 그래서 언젠가는 꼭 연암이 스물한 살 때 지었다는 〈마장전〉, 〈예덕선생전〉, 〈민옹전〉, 〈김신선전〉, 〈광문자전〉, 〈우상전〉 등 일곱 편의 전傳을 현대적으로 재조명하여 책이나 드라마, 공연 등 각종 콘텐츠로 만들어 보고 싶습니다."

"어머, 그거 정말 좋은 생각이네요!"

그런 다음 정 교수는 여느 때처럼 연암에 대한 간략한 소개부터 해 주었다.

"연암 박지원은 한국 문학사상 최고의 문학가요, 실학자였습니다. 이에 대해서는 그 누구도 이의가 없을 것입니다. 그런데 재미있는 사실은 연암은 결혼 후인 열여섯 살 때부터 본격적으로 공부하기 시작했고, 과거 시험도 보지 않고 오로지 저술과 학문에만 전념했다는 것입니다. 다시 말해 그는 조기교육이나 정규교육을 받은 것도 아니요, 소위 과거 급제라는 엘리트 코스를 밟은 것도 아니었습니다.

원래 연암은 명문 거족의 자손이었습니다. 7대조 박동량은 임진왜란 때 선조를 모신 공으로 금계군에 봉해지고 호조판서를 지냈으며, 6대조 박미는 선조의 부마였습니다. 또 조부 박필균은 조선 후기 집권파였던 노론 계열이었고, 관직은 경기관찰사와 참판, 지돈녕부사 등을 지냈습니다. 다만 아버지 박사유는 평생을 포의로 지냈으며, 부모 밑에서 조용하고 평범하게 일생을 보냈습니다."

대쪽 같은 선비

이윽고 두 사람은 연암이 머물고 있던 서울 계동의 계산초당에 도착했다. 계산초당은 연암이 나이 60세에 안의현감을 마치고 돌아와 편안히 저술하며 노후를 보내기 위해 별도로 지은 집으로, 과수원에 터를 닦아 흙벽돌로 지었다. 본가는 바로 옆 재동에 있었다.

아직 해가 뜨기 전이라서 그런지 주위는 어둑어둑했다. 늦가을이라 바깥 날씨가 쌀쌀한데도 연암은 방문이나 창문을 모두 활짝 열어 놓은 채 방 안에 앉아 눈을 감고 조용히 생각에 잠겨 있었다. 그 의복도 마치 오랑캐 복식처럼 흰 바탕에 검은 천으로 테를 두른 것이었다.

두 사람이 헛기침을 하고 방안으로 들어가도, 연암은 여전히 눈을 감은 채 그대로 있었다. 가까이에서 바라보니 연암은 키가 크고 풍채가 좋았으며, 용모가 엄숙하고 단정했다. 무릎을 모으고 조용히 앉아 있었는데, 늠름하여 가히 범접할 수 없는 위엄이 있었다. 정 교수는 자신도 모르게 감탄하며 마음속으로 생각하였다.

'아, 과연 연암답도다! 초상화에서 보던 바로 그 모습이야.'

그때 연암이 갑자기 눈을 번쩍 뜨고 두 사람을 쳐다보며 말했다.

"뭣들 하는 겐가? 자리에 앉지 않고!"

그 목소리도 크고 우렁찼으며, 평상시 어조로 말한 듯한데도 저 멀리 동구 밖까지 들릴 정도였다. 두 사람은 문득 두려워하며 복종하지 않을 수 없었다.

"아, 네……."

하지만 연암은 곧 웃는 얼굴로 다시 말하였다.

"허허허, 어려워들 말고 편안히 앉으시게! 난 스무 살 전후부터 불면증에 시달려 사나흘씩 전혀 잠을 이루지 못한 적이 많았다네. 불면증이 약화된 후에도 새벽닭 우는 소리를 듣고서야 겨우 잠을 청했다 해 뜨기 전에 일어나곤 했지. 또 아침에 일어나면 모든 문을 활짝 열고 조용히 앉아 생각에 잠기기를 좋아했다네. 눈 내리는 날이나 얼음이 언 추운 겨울에도 그리하지 않은 적이 없었다네."

그럼에도 불구하고 정 교수는 여전히 긴장을 풀지 못한 채 조심스럽게 말했다.

"역시 듣던 대로 성품이 아주 엄숙하고 강직한 듯합니다. 실제로 아들 박종채도 선생의 언행을 기록한 《과정록》에서 이렇게 얘기하고 있더라고요."

아버지는 키가 크고 풍채가 좋았으며, 용모가 엄숙하고 단정했다. 무릎을 모아 조용히 앉아 있을 때면 늠름하여 범접할 수 없는 위엄이 있었다. 아버지의 벗 이영원이 언젠가 내게 이렇게 말한 적이 있었다.

"자네 아버지는 그 풍채가 먼저 사람을 압도시킨다네. 설사 남의 집에서 많은 사람이 모인 자리라 하더라도 자네 아버지가 오시면 곧 좌중을 압도했더랬지. 얘기를 하면 사람들은 모두 고개를 들어 주목했고 조용히 경청하며 소란스럽지 않았지. 또한 그 누구도 중간에 끼어들어 말하지 못했다네."

"허허허, 맞는 얘기라네. 예전 김기순이란 이가 있었는데, 책을 많이 봐서 자못 식견이 있었고 의술도 뛰어났더랬지. 늘 나와 함께 노닐기를 좋아했는데, 한번은 내 기품에 대해 이렇게 말하더군.

'선생은 음陰은 없고 순전히 양陽의 기품만 타고났습니다. 그래서 높고 밝음이 지나쳐서 항상 부드럽게 일을 이루는 힘이 부족하고, 강직함과 방정함이 지나쳐서 항상 온순한 뜻이 적습니다. 이는 옛사람의 이른바 성격이 강직하고 불의를 참지 못하는 태양太陽 체질에 해당하며, 우리 옛 선현들에 견준다면 송강 정철이나 남명 조식에 가깝습니다. 지금과 같은 말세를 살다 보면 도처에서 모순을 느끼실 테니, 그 삭이지 못하고 억눌러 둔 불평한 마음이 훗날 반드시 울화증으로 나타날 것입니다. 그럴 경우 약이나 침으로도 고칠 수 없음을 명심하십시오.'

과연 요즘 그 말대로 되어 간혹 울화가 치밀어 오르곤 한다네. 그리하여 아침마다 일어나면 조용히 앉아 생각에 잠겨 있는 것일세."

"선생의 나이 42세 때 온 가족을 이끌고 황해도 금천군 연암골로 들어간 것도 바로 그 때문이었죠? 그 강직한 성품 때문에요?"

"그렇다네. 유공(유언호)과 나는 우정이 아주 깊었더랬지. 그래서 어려운 일이 있을 때마다 나를 찾아와 서로 의논하곤 했다네. 공은 나의 말이 준엄하고 과격해서 세도가의 비위를 거스르는 일이 많다고 자주 주의를 줬다네. 하루는 공이 조정에서 퇴근하고 돌아와 수심에 잠겨 있다가 밤중에 나를 찾아오지 않았겠나. 그리고는 내 손을 잡고 탄식하며 말하더군.

'자네는 어쩌다가 요즘 정국을 들었다 났다 할 수 있는 홍국영의 비

〈박지원 초상〉

박주수, 20세기, 박찬우. 연암은 키가 크고 풍채가 좋았으며, 용모가 엄숙하고 단정했다. 그
래서 누구도 쉽게 범접할 수 없는 위엄이 있었다.

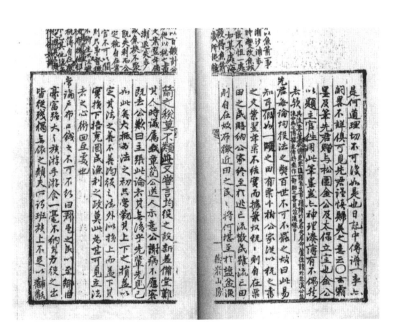

박종채, 1826, 서울대학교 도서관. 연암의 평소 생활이나 인품은 아들 박종채가 기록한《과정록》에 잘 나타나 있다.

위를 건드렸는가? 그가 지금 독을 품고 있으니 자네에게 어떤 화가 미칠지 알 수 없네. 사실 그가 자네를 헤치려고 틈을 엿본 지 오래라네. 다만 자네가 조정의 벼슬아치가 아니기 때문에 짐짓 늦추어 온 것뿐이지. 이제 다른 복수의 대상이 거의 제거됐으니 다음 차례는 자네일 걸세. 자네 얘기만 나오면 그 눈초리가 몹시 험악해지니, 필시 화를 면치 못할 걸세. 이 일을 어찌하면 좋겠나? 될 수 있는 대로 빨리 한양을 떠나게나.'

그래서 나도 속으로 생각했지.

'평소 의론이 곧고 바르며, 또 쓸데없이 명성만 높은 게 결국 화를 부르고 말았구나.'

마침내 나는 자취를 감추고 은둔하지 않을 수 없었다네. 그래서 가족을 거느리고 연암골로 들어가 두어 칸 초가집을 짓고 2년여 동안 살았던 게지."

"선생의 호가 연암으로 불린 것도 바로 그 때문이었지요. 한데 연암골에서의 생활은 어떠셨어요? 산골짜기라 살기가 쉽지 않았을 텐데요?"

"말하나 마나지. 이웃집이라 해봐야 숯을 구워 살아가는 가난한 민가만 몇 채 있을 뿐, 그야말로 호랑이가 출몰하는 정말로 외진 산골이었네. 그곳에서 나는 초가삼간과 돌밭 약간을 장만하여 손수 뽕나무를 심으며 살았지. 그러니 식구들이 굶는 날도 다반사였다네."

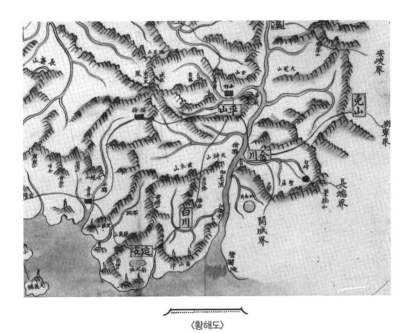

〈황해도〉

《여지도첩輿地圖帖》, 19세기, 서울대학교 규장각. 박지원이 한때 은둔해 살았던 연암협은 황해도 개성 금천金川 화장산華藏山 근처로 추정된다.

빈처貧妻

드디어 정 교수는 자신들이 찾아온 연유를 설명하고 본격적으로 연암의 부부사랑에 대해 묻기 시작했다. 그는 먼저 연암의 결혼 이야기부터 물어보았다.

"결혼은 언제 하셨어요? 듣기에 선생께선 처가의 도움을 많이 받았다고 하던데요?"

"음, 내 나이 열여섯 살 때 동갑내기인 전주이씨와 결혼했네. 나는 결혼할 때까지도 제대로 공부하지 못했어. 집안이 워낙 가난하여 책을 펴놓고 공부할 방조차 없었으니 말일세. 그러다가 결혼한 후 장인인 처사 이보천으로부터 《맹자》를 배우며 학문에 정진하게 되었고, 그 아우 이양천 어른으로부터는 사마천의 《사기》를 배우며 문장 짓는 법을 대강 터득했네. 또 처남 이재성은 평생 내 학문의 충실한 조언자가 되어 주었네.

나는 스무 살부터 지기志氣가 매우 높았으며, 자잘한 예법에 구애받지 않네. 장인은 그런 나를 아들처럼 여기며 애지중지 가르치고 꾸짖으셨지. 한번은 내게 이렇게 말씀한 적이 있었어.

'지원이는 재기才氣가 여느 아이들과 크게 다르니 훗날 반드시 큰사람이 될 게다. 다만 악을 지나치게 미워해서 그게 걱정이다.'

나는 항상 장인을 마음속 깊이 존경하며 따랐다네."

연암의 말이 끝나자 정 교수가 다시 그의 아내에 대해 물었다.

"아내 전주이씨는 어떤 분이었나요? 가난한 집안에 시집와서 고생을 많이 했겠어요?"

"맞네. 당시 우리 집은 너무 비좁아 마땅히 거처할 곳이 없었고, 그리하여 결혼하고도 친정집에 있을 때가 많았다네.

그 후로도 가난 때문에 여기저기 옮겨 다니며 무척 고생을 했으나, 단 한 번도 눈살을 찌푸리거나 괴로운 내색을 한 적이 없었네. 아내는 마치 가난을 견디며 학문하는 군자와 같았지.

한번은 내가 젊었을 때 쓰고 남은 돈 20냥이 있었는데, 문득 아내의 옷이 해진 것을 보고 그 돈을 아내에게 주었다네. 그랬더니 매우 정색하며 말하는 게 아니겠나.

'집안 살림을 책임지는 당신 형수님은 늘 가난에 쪼들리십니다. 근데 어찌하여 이 돈을 나에게 줍니까?'

나는 그 말을 듣고 몹시 부끄러웠네. 지금도 그 일이 잊히지가 않는구려!"

말을 마친 연암은 불현듯 그때 일이 떠오르는지 잠시 눈시울을 적셨다.

"형수님 얘기도 좀 들려주세요. 선생께선 형수님을 마치 어머니처럼 생각했다고 하던데요?"

"그렇다네. 본래 형님은 나보다 열다섯 살 위였고, 형수님은 나보다 열세 살 위였네. 형수님이 우리 집에 시집오셨을 때 나는 고작 세 살에 불과했지. 그래서인지 양친께서 돌아가신 후 나는 형님과 형수님을 어버이처럼 섬겼네.

형수님은 하도 가난을 많이 겪은지라 몸이 매우 수척하셨고, 때때로 우울증을 많이 겪으셨네. 게다가 만년에는 결핵까지 앓아 말하는 도중에 기침하며 피를 토하기도 하셨지. 나는 한결같이 온화한 얼굴과 좋은 말로써 그 마음을 위로하고자 했네. 항상 뭔가를 얻으면 그것이 아무리 하찮은 것일지라도 반드시 형수님께 가져가 공손히 바쳤고 말이야.

내가 마흔두 살 때 연암골에 터를 마련한 뒤, 하루는 형수님께 이리 말했었네.

'이제 형님이 연로하시니 장차 저와 함께 연암골로 가서 사셨으면 합니다. 담을 둘러 천 그루의 뽕나무를 심고, 집 뒤에는 천 그루의 밤

나무를 심고, 문 앞에는 천 그루의 배나무를 심고, 시냇가에는 천 그루의 복숭아나무와 살구나무를 심으렵니다. 작은 연못에는 한 말가량의 어린 물고기를 풀어놓고, 바위의 절벽에는 벌통 백 개를 놓아두며, 울타리 사이에는 소 세 마리를 묶어 두렵니다. 형수님께선 다만 여종을 시켜 들기름이나 짜게 해서, 제가 밤마다 형수님께 옛사람의 글을 읽어 드릴 수 있도록 도와주십시오.'

그러자 당시 형님은 병이 몹시 위독했으나, 벌떡 일어나 손으로 머리를 떠받치고 크게 웃으며 말했다네.

'호호호. 그게 바로 이 형수의 오랜 바람이었답니다.'

하지만 형수님은 심어 놓은 곡식이 채 익기도 전인 그해 7월에 55세의 나이로 세상을 떠나고 말았네."

그러고 나서 연암은 문득 형수님이 생각나는지 또다시 눈시울을 적셨다.

청빈은 우리 집안의 내력이니라

바로 그때 여태까지 가만히 앉아 듣고 있던 이 기자가 불쑥 입을 열어 연암에게 물었다.

"그런데 선생의 집안은 노론 명문가였고 할아버지께서도 높은 벼슬을 지냈음에도, 어찌하여 계속 가난 속에서 살았다는 거예요? 무슨 특별한 이유라도 있었나요?"

"우리 집안은 대대로 청빈清貧을 추구했기 때문이라네. 대개 양반 사대부들은 그 권세를 이용해 사익을 챙기거나 집안의 노비들을 동원해 이런저런 상업 활동을 꾀하기도 하지. 그저 고지식하게 녹봉만으로 생활하지는 않는다네. 허나 나의 조부께서는 관직에 계실 때 부정부패를 일삼지 않으셨음은 물론, 권세를 이용해 재산을 늘리려는 어떤 시도도 하지 않으셨다네. 그야말로 녹봉만으로 생활하셨던 게지. 그리하여 조부께서 돌아가신 후 가세家勢가 급격히 기울고 말았다네. 게다가 아버님과 형님께선 평생 벼슬하지 않으셨고, 나 역시 50세까지는 말단 벼슬조차도 하지 않았더랬지.

한번은 집이 심하게 무너져서 수리를 해야만 했는데, 공교롭게도 바로 그때 조부께서 지방 수령에 임명되었다네. 그리하여 식구들에게 이리 말씀하셨지.

'수령이 되어서 집을 수리하는 건 옳지 않다!'

얼마 후 통진에 있는 농장이 해일로 무너져 장차 다시 쌓으려 했는데, 때마침 조부께서 경기도관찰사에 임명되시어 이번에도 식구들에게 말씀하셨네.

'관찰사가 되어서 자기 농장을 돌보는 건 옳지 않다!'

그리고는 마침내 사람을 보내 그 일을 중지시켰네. 그것을 보고 주변 사람들이 탄식하며 말했네.

'수령이나 관찰사가 되는 건 가난을 벗어나기 위함인데, 당신은 도리어 손해만 보고 있구려.'

이 일이 널리 알려져 뭇사람들의 웃음을 자아냈었지. 일찍이 나도 자식들에게 이렇게 가르친 적이 있네.

'너희들은 장차 벼슬하여 녹봉을 받는다 해도 넉넉하게 살 생각은 하지 마라. 우리 집안은 대대로 청빈했으니, 청빈이 곧 본분이니라.'"

이 기자의 질문은 계속되었다.

"선생께서 과거를 포기한 것도 그 때문이었나요? 그토록 집안에 가난이 심했는데도 왜 과거를 포기했는지 모르겠어요."

"음, 나도 젊었을 때는 다른 이들과 같이 과거 공부를 하기도 했네. 그렇다고 좋아서 한 것은 아니었고, 또 적극적으로 한 것도 아니었네. 늘 과거 시험장에 들어가면 한 편의 글을 다 짓지도 않은 채 답안지를 내고 그냥 돌아와 버리곤 했었지.

당시 내 문장에 대한 명성은 이미 세상을 떠들썩하게 했었네. 그리하여 과거를 볼 때마다 시험을 주관하는 자들이 나를 꼭 합격시키려 했었지. 나는 그것을 눈치채고 어떨 때는 아예 응시하지 않았고, 어떨 때는 응시는 하되 답안지를 제출하지 않았다네.

그러다가 서른다섯 살 부렵 과거 시험에 대한 미련을 완전히 접었네. 당시 과거에 합격한 자는 그야말로 '만萬에 하나ㅡ'였고, 설사 합격한다 해도 타락한 관료 사회에서 내 포부를 펼친다는 건 쉽지 않았기 때문일세. 또 절친했던 벗 이희천이 금서禁書를 소지한 죄로 처형을 당한 것도 큰 이유였네.

이후 나는 가족들을 경기도 광주의 처가로 내려보낸 뒤, 서울 전의감동에 셋방을 얻어 혼자 기거하며 실학자로서의 새로운 길을 걷기 시작했네. 내 뜻을 펼치기 위해 가족들을 고생시키는 게 얼마나 미안

하던지……."

지조 있는 남자

얼마 후 정 교수가 다시 연암의 관직 생활에 대해 물었다.

"선생께선 나이 쉰 살에 선공감 감역이라는 종9품의 미관말직으로 벼슬길에 올랐잖아요. 그건 어떻게 된 것인가요? 선생의 벼슬살이에 대해서도 좀 들려줬으면 합니다."

"나의 평생지기로 우의정을 지낸 유언호가 천거하여 그런 것일세. 처음엔 거절했으나 결국 받아들였지. 이후 나는 평시서 주부, 제릉령, 한성부 판관을 역임한 후, 쉰다섯 살 겨울엔 안의현감에 부임했네. 61세엔 면천군수에 임명되고, 예순넷엔 양양부사로 승진했고. 그리고 이듬해 관직에서 물러나 서울로 돌아왔다네.

내가 뒤늦게 벼슬길에 나아간 것은 무엇 때문이었는지 궁금할 테지? 공자님의 말씀처럼 쉰에 천명天命을 알게 되니, 이젠 세상에 나아가도 된다고 생각했던 것일세. 또 솔직히 가장으로서의 책임감도 아니 생각할 수 없었고……. 그때 가난한 살림살이로 아내의 고생이 말이 아니었거든.

허나 내가 벼슬길에 나아간 지 반년도 안 되어 아내는 세상을 떠나고 말았네. 실컷 고생하다가 이제 좀 살 만하니까 세상을 떠나 버렸네그려."

연암은 고개를 돌려 창밖을 바라보며 허탈하게 웃었지만, 눈가에는 살짝 눈물이 맺혀 있었다. 그 모습에 이 기자도 감동을 받았는지 덩달아 눈시울을 붉히며 물었다.

"다른 사람들은 아내를 잃으면 재혼하거나 첩을 두곤 했는데, 듣기에 선생께선 그러지 않았다고 하더라고요. 대체 왜 그러신 거예요?"

하지만 연암은 계속 말없이 창밖만 내다볼 뿐이었다. 이에 정 교수가 대신 말해 주었다.

"곤궁한 생활 속에서도 불평 한마디 없이 부인으로서의 도리를 다해 준 아내에 대한 의리인지, 아니면 평소 그의 곧은 성품과 기개가 작용한 것이지 알 수 없죠. 어찌 됐든 선생께선 아내를 여의고 평생을 홀로 지낸 것만은 분명하며, 이는 그의 자식이나 벗들마저도 감동할 정도였습니다. 실제로 아들 박종채도 아버지의 언행을 기록한《과정록》에서 이렇게 얘기하고 있습니다."

아버지는 어머니를 여의고 얼마 되지 않아 다시 맏며느리의 상을 당하였다. 그래서 끼니를 챙겨 줄 사람이 없었다. 사람들은 혹 첩을 얻으라고 권했지만, 아버지는 우스갯소리로 대꾸할 뿐 종신토록 첩을 두지 않았다. 친한 벗들 가운데 이 일을 두고 아버지를 칭찬하는 사람들이 많았다.

아버지는 평소 첩을 둔 적이 없을 뿐 아니라 기생도 가까이하지 않았다. 지방 수령으로 있을 때 노래하는 기생이나 가야금을 타는 기생이 늘 곁에서 모시며 벼루와 먹 시중을 들거나 차를 받들어 올렸으며, 수건과 빗을 받들거나 산보할 때 수행하기도 했다. 하지만 아버지는 집안 식구와 다름없이 아침저녁으로 함께 지낼 뿐, 한 번도 마음을 준 적이 없었다.

"이로 보면 연암은 이전의 퇴계 이황이나 원교 이광사와는 상당히 대조적인 분이었던 듯합니다."

"예, 선생께선 정말 평소 아내를 마음속 깊이 사랑하지 않았나 싶어요. 그러니까 남은 인생을 홀아비로 묵묵히 살았겠지요."

그 말에 연암은 자신의 본심이 들켜 쑥스러운지 가볍게 웃으면서 변명했다.

"껄껄껄! 그게 아닐세. 내가 평생 가장 좋아하는 일이란 마음에 드는 글을 썼을 때 한두 명의 뜻 맞는 사람들과 모여 품평이나 감상을 듣는 것뿐이었네."

그러자 정 교수가 강한 어조로 반박했다.

"아닙니다. 선생께선 평소 아내를 진심으로 사랑했던 게 분명합니다. 비록 지금은 원고를 잃어버려 알 수 없지만, 아내가 죽자 애도하는 시를 스무 수나 짓지 않았습니까? 또 한글을 배우지 않아 평생 아내와 편지 한 통을 주고받지 못한 걸 매우 한스럽게 여기기도 했고요."

자식에 대한 애틋한 사랑

정 교수는 계속해서 연암의 자식에 대한 사랑 이야기까지 꺼내 놓았다.

"선생께선 쉰한 살 때 아내를 잃은 후 종의, 종채 두 아들과 며느리, 손자 등 자식들에 대한 정이 더욱 각별해졌습니다. 그래서 멀리 타관에서 벼슬살이하면서도 자주 편지를 보냈는데, 그 편지에는 아들들의 공부, 며느리의 산후조리, 손자의 질병, 반찬거리 보내기 등 자식에 대한 사랑이 가득히 담겨 있습니다.

대표적으로 선생의 나이 예순 살 무렵인 안의현감 시절에 두 아들 한테 보낸 편지를 제가 한번 읽어 보겠습니다.”

아이들에게

《아동기년我東紀年》두 권을 지었으나 부족한 게 많아 탄식이 절로 나온다. 그래도 참고하기엔 좋으니 모름지기 종채에게 주어 수시로 자세히 보게 했으면 한다. 어리고 총명할 때 보아야 할 책이다.

《박씨가훈朴氏家訓》한 권은 받았느냐? 선조의 이름을 피하는 전례에 따라 이름 위에다 푸른색 종이를 붙이는 게 어떻겠니? 이 책은 절대 남에게 빌려주지 않았으면 한다. 잃어버리기 쉽기 때문이다.

《소학감주小學紺珠》는 간신히 베껴 썼거늘 공연히 분실했다니 어찌 애석하지 않겠니? 너희들은 책에 대해서도 그렇게 성의가 없으니 늘 개탄스럽다. 나는 고을 일을 하는 틈틈이 글을 짓거나 혹은 글씨를 쓰기도 하거늘, 너희들은 해가 다 가도록 무슨 일을 했느냐? 나는 4년간 《자치통감강목》을 골똘히 봤다. 두어 번 읽었지만 늙어서인지 책을 덮으면 문득 잊어버리곤 한다. 그래서 작은 초록 한 권을 만들었는데, 그리 긴한 것은 아니다. 그래도 한번 재주를 펴 보고 싶어 그만둘 수가 없었다. 너희들이 하는 일 없이 날을 보내고 어영부영 해를 보내는 걸 생각하면 어찌 몹시 애석하지 않겠니? 한창때 그러면 노년에는 장차 어쩌려고 그러느냐? 웃을 일이다, 웃을 일이야! 고추장 작은 단지 하나 보낸다. 사랑방에 두고서 밥 먹을 때마다 먹으면 좋을 게다. 내가 손수 담근 건데, 아직 푹 익지는 않았다.

보내는 물건

포脯 세 첩

곶감 두 첩

장볶이 한 상자

고추장 한 단지

정 교수의 낭독이 끝나자 이 기자가 크게 감탄하며 말하였다.

"와, 아버지가 자식들과 함께 여러 가지 책 이야기를 나누다니 정말 멋있는 풍경이네요! 꼭 유럽 영화에서 나오는 부자간의 대화 모습을 보는 듯한 느낌이랄까요? 또 나이 든 아버지가 손수 고추장을 담가 자식들에게 보내 주다니, 역시 우리 문학사상 대문호이자 실학자답다는 생각이 드네요."

어느새 날이 샜는지 바깥이 환하게 밝아 있었다. 그것을 본 연암이 먼저 자리에서 일어나 밖으로 나가면서 혼잣말처럼 하였다.

"음, 벌써 동이 텄구먼! 자식들이 문안 인사하러 오기 전에 얼른 세수하고 의관을 차려야겠도다."

정 교수와 이 기자도 그를 뒤따라 나와 인사를 올리고 곧바로 연구실로 돌아왔다.

글솜씨 좋은 학자 부부

겨울에 매화와 동백으로부터 이듬해 가을 국화까지 꽃을 모으
되, 꽃송이 그대로 그늘에 말려 각각 봉지에 담았다가, 중양절
때 국화가 흐드러지게 피기에 이르러 술을 빚어라. 다른 꽃은 비
록 향기가 많다가도 마르면 가시나, 국화는 마른 후 더욱 향기로
우니 첫 번째로 삼아라.

조선 후기 여성사의 저력

"이 기자는 '조선 후기 여성사' 하면 어떤 것들이 떠오르나요?"

"시집살이, 고부 갈등, 처첩 갈등, 남존여비, 열녀……. 그야말로 한 맺힌 여성사가 떠오르는데요."

"예, 그래요. 이전에 얘기한 것처럼 조선 후기엔 가부장제가 실질사회에까지 정착되면서 비로소 한 맺힌 여성사가 시작되었습니다. 특히 여성들의 창조 활동을 통한 사회참여의 길이 완전히 막히고 말았죠. 단적인 예로 실학자 이덕무조차 〈사소절〉에서 이렇게 주장했습니다."

여자들은 마땅히 경서와 사서, 《논어》, 《시경》, 《소학》, 《여사서》 등을 대강 읽어 그 뜻을 통하고, 여러 집안의 성씨와 조상의 계보, 역대의 나라 이름, 성현의 이름 정도만 알면 족하다. 부질없이 시사詩詞와 같은 글을 지어 집 바깥으로 전파되게 하는 것은 옳지 않다.

"한마디로 조선 후기엔 여성들에게 기본적인 교양을 쌓기 위한 독서는 용인했으나, 창작을 통한 사회참여는 철저히 배제했던 것입니다."

"그럼 조선 후기 여성들은 이에 어떻게 대응했나요? 그녀들도 인간인 이상 어떤 방식으로든 대응하며 사회참여를 시도했을 듯한데요? 전 이 세상에서 한국 여성만큼 강한 사람들이 없다고 생각해요. 요즘도 정치나 행정, 경제 분야를 제외한 문화나 예술, 스포츠, 교육 등의 분야에선 세계적으로 큰 두각을 나타내고 있잖아요."

"맞습니다. 지금까지는 별로 주목하지 않았지만, 조선 후기 양반층 여성들도 크게 두 가지 방향에서 그 저력을 보여 주었어요.

먼저 18세기에 이르자 여사女士, 즉 여성 선비들이 계속 출현하여 활발한 학문과 예술 활동을 펼쳤습니다. 대표적으로 성리학자 임윤지당(1721~1793), 태교 관련 교육학자 이사주당(1739~1821), 수학자 서영수각(1753~1823), 실학자 이빙허각(1759~1824), 문인 김삼의당(1769~1823)과 강정일당(1772~1832) 등을 들 수 있지요.

다음으로 이름 모를 수많은 여성 소설가들이 등장하여 수십 종 수천 권에 이르는 국문 장편소설을 창작했습니다. 17세기 중반 이후 여성들은 15권 15책《소현성록》, 21권 21책《옥원재합기연》, 180권 180책《완월회맹연》 같은 한글로 된 대하소설을 써서 막힌 사회의 탈출구로 삼았습니다.

이들 소설은 주로 문식이 있는 규방 여성이 지어 자기네들끼리 서로 돌려 보거나 세책가貰册家에 내다 팔았습니다. 그럼 세책가에선 이를 몇 권씩 베껴서 일반 사람들에게 대여해 주고 돈을 벌었습니다. 또 이들 중 인기 있는 소설은 궁궐로 들어가 다시 궁체로 깨끗이 필사되어 궁녀들에게 읽히곤 했지요."

"와, 정말 놀라운 사실이네요! 근데 왜 이들 여성 소설이 아직도 세상에 널리 알려지지 않았을까요?"

"이들 작품이 비교적 뒤늦은 시기인 1960년대 후반에야 비로소 발견되었을 뿐 아니라, 처음엔 중국 소설이나 남성 소설이라고 잘못 알려졌기 때문입니다. 또 무엇보다 여성들이 지은 소설이라는 점이 가장 큰 핸디캡으로 작용했죠. 여성 소설이기 때문에 《금오신화》나 《구운몽》, 《홍길동전》 같은 남성 소설이나 《춘향전》, 《심청전》, 《흥부전》 같은 서민층 소설보다 별로 중요하지 않고 작품 수준도 떨어질 것이라고 생각했던 것입니다. 하지만 이들 소설은 중세 시대 세계문학사에서도 유례를 찾기 힘든 자랑스러운 우리의 여성 문화입니다. 난 이것들이 제대로 복원되어 세계에 널리 알려질 때에야 비로소 한국에서 당당히 노벨 문학상 수상자가 나올 것으로 믿고 있습니다."

여성 실학자

드디어 두 사람은 조선 후기로 역사 인터뷰를 하러 떠났다. 도중 정 교수가 이 기자를 돌아보며 웃는 얼굴로 다시 물었다.

"이 기자는 만약 결혼한다면 어떤 부부가 되고 싶나요?"

"또 시작이네요! 전 마치 친구 같은 부부가 되었으면 해요. 서로 잘 알고 소통이 잘되는 친구요. 그리고 서로 키워 주는 관계인 '인생 동료' 같은 부부가 되었으면 해요."

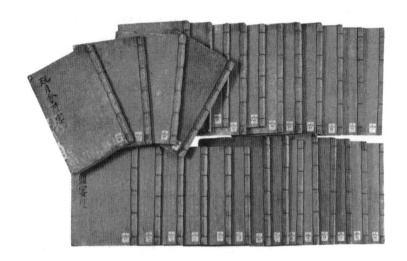

《완월회맹연玩月會盟宴》

전 전주이씨(이언경李彦經의 딸이자 안겸제安兼濟의 어머니), 18세기, 규장각한국학연구원. 《완월회
맹연》은 180권 180책으로 단일 작품으로는 중세 시대 세계에서 가장 긴 소설이었다.

〈여인풍속女人風俗〉

윤덕희, 18세기, 서울대학교박물관. 조선 후기엔 여성들의 창조 활동이 철저히 금기시되었
다. 그럼에도 여성 선비들이 계속 출현하여 활발한 학문과 예술 활동을 펼쳤다.

"하하하! 오늘 만나게 될 이빙허각과 서유본이 바로 그러한 부부였습니다. 오늘은 왠지 이 기자가 매우 좋아할 날이 될 듯합니다."

그러고 나서 정 교수는 우선 이빙허각에 대해 간략히 소개해 주었다.

"빙허각은 영조 35년(1759) 한양에서 이창수와 유씨 사이에 막내딸로 태어났습니다. 그녀의 집안은 세종의 열일곱 번째 아들인 영해군의 후손으로, 대대로 높은 벼슬을 지낸 소론 명문가였습니다. 아버지 이창수도 이조판서를 비롯한 예문관과 홍문관 제학, 판돈녕 부사 등 요직을 두루 거쳤고요.

외가도 사물을 연구하는 명물학名物學과 고증학 분야에서 일가를 이룬 집안이었습니다. 특히 그녀의 외숙모인 이사주당은《태교신기》를 지은 것으로 유명했죠.

빙허각의 묘지명에 의하면, 그녀의 저술로는《빙허각시집》1권,《규합총서》8권,《청규박물지》5권이 있었다고 해요.《규합총서》는 그녀의 나이 쉰한 살에 한글로 지은 책으로, 요즘 말로 쉽게 풀이하면 '가정백과서'라 할 수 있습니다.《청규박물지》는 그 이후에 지은 것인데, 일제강점기와 한국전쟁을 서치며 분실되었다가 2004년 일본 도쿄대 문학부도서관 오구라小倉 문고에서 발견되었습니다. 내용은 제1권 천문·지리, 제2권 역시曆時·초목, 제3권 금수·충어蟲魚, 제4권 복식·음식 등으로 이루어져 있죠."

"와,《청규박물지》가 발견되었다니 정말 다행이네요!《규합총서》처럼 하루빨리 번역되어 누구나 쉽게 읽을 수 있게 되었으면 좋겠어요."

동호 행정

이윽고 두 사람은 빙허각이 살았던 동호에 도착했다. 동호東湖는 삼호三湖라고도 불렸는데, 오늘날의 경기도 장단과 서울 용산을 두고 의견이 엇갈리고 있다. 허나 빙허각의 남편 서유본의 호가 '좌소'인데, 좌소는 경기도 장단(현 경기도 파주시 장단면)의 옛 이름이며, 서유본 집안의 농장과 선산이 있는 곳이기도 했다. 또 서유본의 동생 서유구도 1806년 향촌에 유폐되었을 때 이곳 장단에서 살았다. 빙허각 역시 1806년 집안이 한순간에 몰락하자 남편과 같이 이곳으로 거처를 옮겨 농사를 지으며 살았다. 고로 동호는 경기도 장단으로 보아야 할 듯하다.

빙허각의 집은 여느 시골의 양반집처럼 안채와 사랑채, 행랑채로 이루어져 있었다. 서유본의 문집에 따르면, 그 마당에는 살구나무, 회나무, 모란, 구기자 등이 잘 가꾸어져 있었다고 한다. 특히 그들 부부는 살구나무를 매우 아끼고 사랑해서 그 곁에 정자를 지어 놓고 함께 즐길 정도였다.

정 교수와 이 기자도 그 집에 도착하여 살구나무 아래에서 연분홍 꽃을 완상하고 있었는데, 하얀 소복을 입은 빙허각이 안채에서 나와 공손히 맞이했다. 그녀는 오랫동안 굶은 사람처럼 피골이 상접하고 얼굴도 창백해 보였다. 그래서 정 교수가 얼른 달려가 어깨를 부축하며 물었다.

"몸이 많이 편찮아 보이는데 왜 나오셨어요? 우리가 들어가면 되는데요."

"작년에 남편이 세상을 떠난 뒤로 나도 더 이상 살고 싶은 생각이 없어졌습니다. 하여 아예 식음을 전폐하고 자리에만 누어 지낸답니다. 허나 멀리서 손님이 온다는데 마냥 누워 있을 수만은 없지요. 어서 사랑방으로 들어가시지요."

두 사람이 빙허각을 따라 사랑방으로 들어가니, 책장에 층층이 쌓인 책들이 우선 눈에 들어왔다. 대충 훑어보아도 《논어》, 《맹자》, 《사기》, 《한서》 같은 경서와 사서뿐 아니라 《박물지》, 《삼재도회》, 《우초신지》 같은 총서류, 《농정전서》, 《본초강목》 같은 전문서 등 다양한 종류의 책들이 놓여 있었다.

"남편과 내가 함께 보며 토론하고 자료도 찾곤 했는데, 이젠 다 필요 없게 되었네요? 세상에 인생만큼 허망한 게 어디 있을까요?"

빙허각이 책들을 바라보며 슬픈 표정으로 말하자, 정 교수가 웃는 얼굴로 위로했다.

"그래도 두 분의 추억이 남아 있고, 게다가 두 분이 직접 쓰신 책들도 여기에 끼어 있잖아요. 저희 후손들은 두 분의 그러한 추억과 업적을 통해 삶의 멋과 지혜, 희망을 얻고 있고요."

그때 한 여종이 작은 술상을 들고 방 안으로 들어오며 말했다.

"마님, 술상을 봐 왔습니다!"

상 위에는 술잔 두 개와 약간의 다과가 올려져 있었다.

빙허각은 벽장에서 술 단지를 꺼내와 국자를 들고 두 사람에게 한 잔씩 따라 주며 말했다.

"재작년 9월 9일 중양절에 담근 백화주입니다. 작년에 남편이 세상을 떠난 바람에 이게 마지막 백화주가 되고 말았습니다."

그러자 정 교수가 먼저 술잔을 들어 백화주를 유심히 바라보며 말했다.

　　"아, 이게 바로 사시사철 피어나는 100가지 꽃잎을 따서 술을 담았다는 백화주百花酒로군요. 선생의 저서인《규합총서》에 빚는 방법이 자세히 나와 있더라고요. 제가 그 재료 부분만 잠시 읽어 보겠습니다."

백화주

겨울에 매화와 동백으로부터 이듬해 가을 국화까지 꽃을 모으되, 꽃송이 그대로 그늘에 말려 각각 봉지에 담았다가, 중양절 때 국화가 흐드러지게 피기에 이르러 술을 빚어라. 다른 꽃은 비록 향기가 많다가도 마르면 가시나, 국화는 마른 후 더욱 향기로우니 첫 번째로 삼아라. 복사와 살구, 매화, 연꽃, 구기자, 냉이꽃 등 성미가 유익한 것은 양을 넉넉히 하고 다른 꽃은 각각 한 줌씩 하되, 왜철쭉, 옥잠화, 싸리꽃은 매우 독하니 넣지 마라.

　　"또 남편 서유본의 시를 보니 '아내가 해마다 누에 치고 길쌈하며 온갖 꽃을 따다가 술을 빚어서 나에게 준다'라고 했더라고요. 전 이 백화주야말로 두 분의 사랑을 가장 상징적으로 보여 주는 게 아닐까 생각합니다."

　　"그래요. 남편은 내 학문을 완성할 수 있게 도와주었고, 난 그에 대한 보답으로 해마다 백화주를 빚어 대접했답니다."

선남선녀

드디어 정 교수는 두 사람의 부부사랑에 대해 들으러 왔다고 얘기한 후, 우선 그녀의 어린 시절에 대해서부터 간략히 물어보았다. 그러자 빙허각이 과거의 기억을 더듬어 가며 생각나는 대로 하나씩 들려주었다.

"사람들이 말하기를, 난 어릴 때부터 총명하여 아버님께서 무릎에 앉혀 놓고 《소학》이나 《시경》을 읽어 주면 그 뜻을 바로 깨달았다고 합니다. 하여 양친께서는 날 아들처럼 여기며 키우셨죠.

난 장성해서도 총기가 매우 뛰어났고, 학문을 게을리하지 않아 여러 서적을 두루 섭렵했습니다. 또 시와 문을 잘 지어 성년이 되기 전에 이미 주위 사람들에게 여사女士라는 칭호를 받을 정도였지요.

아참, 나는 성격이 불같고 강해서 남에게 지는 것을 싫어했어요. 대여섯 살 무렵, 또래들은 모두 젖니를 가느라고 이가 빠졌는데 나 혼자만 그대로였습니다. 그리하여 나도 얼른 이를 갈고 싶어 장도리로 두드려 아랫니와 윗니를 뽑아 버렸습니다. 당연히 입안에선 피가 철철 흘러 넘쳤지요. 그것을 본 아버님께서 걱정하며 말씀하셨습니다.

'여자는 시집가서 남편을 따라야 할 사람이다. 너는 성격이 강인하니 나중에 별일이 없으면 다행이겠으나, 그렇지 않으면 자기 몸을 상하게 하지 않을까 염려된다.'"

"정말 어릴 적부터 성격이 보통이 아니셨군요. 그러니까 자식들 낳아 기르고 집안 살림하는 와중에도 그토록 중대한 책을 쓰셨겠지요. 정말 대단하십니다."

바로 이어서 정 교수는 그녀의 결혼 생활에 대해 물어보았다.

"결혼은 언제 하셨어요? 당시 시댁과 남편 서유본에 대한 얘기도 좀 들려주세요."

"방년 열다섯에 열두 살의 남편과 혼인했어요. 다시 말해 남편은 나보다 세 살 연하였지요. 두 집안은 같은 소론 가문으로서 오랫동안 교분이 두터웠고, 또 자녀들이 아주 훌륭하다는 것을 잘 알고 있었기 때문에 중매 없이 곧바로 혼인하게 되었습니다.

시댁은 유명한 실학자 집안으로 명물학에 조예가 깊었으며, 특히 농학 연구에서 일가를 이루었죠. 시아버지인 서호수는 농학 연구서인 《해동농서》를 저술하셨고, 시동생인 서유구는 전원생활에 필요한 백과전서인 《임원경제지》를 저술했어요. 또 시동생은 8천여 권의 서적을 소장한 조선의 장서가로도 유명했고요.

남편 서유본은 어릴 때부터 침착하고 과묵했으며, 여러 가지 재주가 뛰어났습니다. 글을 잘 지어 22세에 생원시에 합격했으나, 아쉽게도 대과에는 급제하지 못했지요. 이후 43세에야 음보로 종9품 벼슬인 동몽교관이 되었습니다. 허나 이듬해인 1806년 숙부 서형수가 옥사에 연루되어 바닷가 섬으로 유배를 당하면서 집안은 한순간에 몰락하고 말았답니다. 당시 홍문관 부제학이었던 시동생 서유구는 향리에 유폐되었고, 남편도 가족들을 데리고 이곳 동호로 내려와 오로지 독서와 저술로만 세월을 보내야 했어요."

"음, 관직운도 별로 없고, 게다가 이후 평생 재야 생활을 해야 했다니, 생각할수록 정말 안타깝습니다. 물론 그것 때문에 부부가 함께 있는 시간이 더욱 많아지긴 했겠지만요."

최초의 가정백과서 《규합총서》

바로 그때, 이 기자가 근처의 책장에 놓인 《규합총서》 5책을 꺼내어 들고 빙허각을 향해 물었다.

"와, 이게 바로 그 유명한 최초의 가정백과서 《규합총서》로군요! 어떻게 해서 이런 거대한 책을 쓰고자 했나요?"

"마흔일곱 살 때 이곳 동호로 이사한 후, 나는 살림을 하는 틈틈이 사랑방으로 나와 남편과 함께 옛글을 읽었어요. 헌데 책을 읽으면서 보니 일상생활에 꼭 필요한 내용이 많다는 것을 알게 되었지요. 나는 시간이 흐를수록 그것들을 적어 두지 않으면 잊어버리겠다는 생각이 들었어요. '총명이 무딘 글만 못하다'고 하잖아요. 그래서 옛글을 보며 중요한 말들을 가려 뽑고, 또 내 소견도 덧붙여 《규합총서》 5책을 짓게 되었던 것입니다. 이런 얘기들을 이미 《규합총서》 서문에 자세히 써 두었는데, 제가 직접 그것을 읽어 드리겠습니다."

기사년(1809) 가을에 내가 동호 행정에 집을 삼아, 집 안에서 밥 짓고 반찬 만드는 틈틈이 사랑방에 나가 옛글 중에서 일상생활에 절실한 것과 산야에 묻힌 모든 글을 구해 보며 견문을 넓히고 심심풀이를 할 뿐이었다. 어느 날 문득 '총명이 무딘 글만 못하다'는 옛사람의 말이 떠올랐다. 글로 적어 두지 않으면 어찌 잊어버리지 않으리오. 그래서 모든 글을 보며 가장 요긴한 말을 가려내고, 혹 따로 내 소견을 덧붙여 《규합총서》 5편을 만들었다. 첫째는 〈주사의酒食議〉니 무릇 장 담그며 술 빚는 법과 밥, 떡, 과일, 온갖 반찬이 갖추어지지 않은 것이 없다. 둘째는 〈봉임칙縫紝則〉이니 심의, 조복

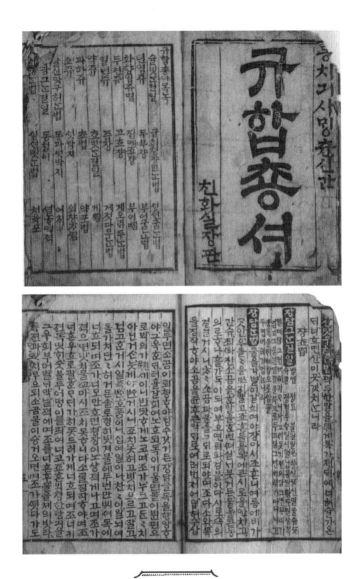

《규합총서閨閤叢書》

이빙허각, 1809, 1권 1책, 목판본, 국립중앙박물관. 《규합총서》는 최초의 가정백과서로, 당시 가정생활의 수준을 한 단계 끌어올릴 수 있는 위대한 저술이었다.

을 손으로 마르고 짓는 치수 및 물들이기, 길쌈하기, 수놓기, 누에치기 등과 그릇 때우고 등잔불 켜는 모든 방법을 덧붙였다. 셋째는 〈산가락山家樂〉이니 무릇 밭일을 다스리고 꽃과 대나무 심는 일로부터 그 밖의 말이나 소를 치며 닭 기르는 데 이르기까지 시골 살림살이의 대강을 갖추었다. 넷째는 〈청낭결靑囊訣〉이니 태교, 아기 기르는 요령과 삼 가르기와 구급하는 방문이며, 아울러 태살胎殺이 있는 곳과 약물 금기를 덧붙였다. 다섯째는 〈술수략術數略〉이니 집의 터전을 정하는 법과 음양의 꺼리는 법을 알아 부적과 귀신을 쫓는 일체의 방법에 미쳤으니, 이로써 뜻밖의 환란을 막고 무당이나 박수 따위에게 빠짐을 멀리할 것이다.

무릇 각 조항을 널리 적기에 힘써 밝고 자세하고 분명하게 했으므로, 한 번 책을 보면 가히 알아 행하게 하고, 그 인용한 책들을 작은 글씨로 모든 조항 아래에 나타내고, 혹 내 소견이 있으면 '신증'이라 썼다. 이미 글이 이루어지자 한데 통틀어 이름 짓기를 '규합총서'라 했다. 무릇 부인의 하는 일은 규방 밖을 나가게 해서는 안 된다. 비록 옛날과 지금의 일을 통하는 식견과 남보다 나은 재주가 있더라도, 문자로 표현해서 남에게 보고 듣게 하는 것은, 아름다움을 마음속에 품고 간직하는 이의 도리가 아니다. 히믈며 나의 어둡고 어리석음으로써, 어찌 감히 스스로 글로 표현할 줄을 생각했으리오. 이 책이 비록 많으나, 그 귀결점은 다 건강에 주의하는 것이요, 집안을 다스리는 중요한 법이라. 진실로 일상생활에 없지 못할 것이요, 부녀자의 마땅히 연구할 바라. 고로 마침내 이로써 서문을 삼아 집안의 딸과 며늘아기에게 주노라.

"예, 그 당시 여성들이 필수적으로 알아야 할 것들을 체계적으로 잘

정리해 놓았군요. 특히 음식과 의복, 주택, 농사, 질병에 대한 지식들을
빠짐없이 갖춰 놓은 듯해요. 이 책을 읽으면 분명 가정생활의 수준을
한 단계 더 끌어올릴 수 있을 듯해요. 저도 꼭 한번 읽어 봐야겠어요."

이 기자의 말이 끝나자, 이번에는 정 교수가 빙허각을 향해《규합총
서》의 저술 방법에 대해 물어보았다.

"근데 선생께선 이 방대한 책을 어떻게 쓰셨는지요?"

"저도 다른 실학자들처럼 각종 문헌에서 자료들을 뽑고, 추가로 내
가 알고 있는 것들을 덧붙이기도 했답니다. 또 경우에 따라선 직접 실
험을 해서 사실 여부를 확인해 보기도 했고요.《규합총서》권3〈산가
락〉편의 '수박西瓜'에 관한 내용으로 살펴보도록 하지요."

수박

〈완위〉편에 이르되, 거란이 회흘국을 무찌르고 수박씨를 얻어 심은 뒤로,
처음엔 중국에 수박이 없더니 금나라로부터 들어왔다고 한다.《농정전서》에
말하기를 그 종류가 매우 많되, 껍질이 푸르고 씨가 검고 살이 연지같이 붉
은 것이 상품이니, 무진일에 심으면 무성하고 향내를 쏘이면 썩는다 한다.
4월에 모래땅에다 크고 넓게 구멍을 파서 흙과 거
름을 섞은 후, 씨를 소주에 잠깐 담갔다가 다시
재에 하룻밤을 묻어 한 구덩이에 네다섯 개씩
심어라. 잎이 네 개가 나거든 뿌리를 북돋아
주기를 대여섯 번 하면 열매가 크고 번성한
다. 처음 꽃을 따 주어야 크고 살지다.
줄기가 살지거든 두 줄기를 대칼로 반씩 껍질을 벗기

고, 나무 접하듯이 붙여라. 그런 다음 삼 껍질이나 칡 껍질로 동여 쇠똥과 황토로 봉하여 4~5일 동안 서로 합한 후 실기를 기다려 다만 한 줄기만 남겨라. 수박이 열리면 좋은 것만 두고 나머지는 다 따서 없애면 크기가 비할 데 없다.

수박은 목마른 것을 다스리고, 입병과 소변에 유익하다. 술 냄새와 찹쌀을 가까이하면 상해 버린다.

"예. 선생께서도 철저한 문헌 고증과 실험 중시, 비판적 사고 등 당시 실학의 학풍을 그대로 따르고 있는 듯합니다. 그래서 현대 연구자들도 모두 선생을 대표적인 여성 실학자로 꼽고 있고요."

정 교수는 계속해서 빙허각에게 물었다.

"한 가지 더 묻겠습니다. 선생께선 《규합총서》 권2의 〈열녀록〉에서 기존의 효부나 열부 외에도 지식이나 검협劍俠, 여선女仙, 마녀魔女, 글씨 잘 쓰는 부인, 정치를 한 여자, 여장군 등까지 포함시키고 있더라고요. 그렇게 한 특별한 이유라도 있었나요?"

"여자들 가운데에서도 어찌 인재가 없겠습니까? 전 가급적 다양한 유형의 여자들을 기록해, 장차 조선의 여성들도 세상을 보다 폭넓게 살도록 해 주고 싶었습니다."

"이 책을 한글로 쓴 것도 그 때문이었군요?"

"그렇답니다. 여자들이 쉽게 읽고 활용할 수 있을 뿐 아니라, 조선 여자들의 생활 형편이 좀 더 나아지기를 바라서였죠."

학문적 동료

정 교수의 질문이 끝난 듯하자, 이 기자가 다시 빙허각에게 물었다.

"지금껏 얘기를 듣다 보니 선생의 학문 세계에서 남편 서유본의 도움은 매우 컸던 듯합니다. 그에 대해 어떻게 생각하는지요?"

"맞아요. 제가 학문하는 데 남편의 도움은 정말로 컸습니다. 평소 남편은 저와 함께 옛 책을 읽고 토론하는 걸 매우 좋아했습니다. 책을 쓸 때도 그는 곁에서 필요한 자료들을 찾아 주었고, 직접 실험할 때도 많은 조언을 해 주었어요. 또 우리가 모르는 것은 다른 이들에게 물어 알려 주기도 했고요. 어디 그뿐이겠습니까. 제가 지치고 힘들 때마다 그는 항상 애정으로 독려해 주었어요. 심지어 《규합총서》를 다 쓴 뒤에는 이리 시를 지어 축하해 주고, 책 제목까지 지어 줬답니다."

산에 사는 아내는 벌레나 물고기에 대해 잘 알고
시골 살림을 경영함에도 성글지 않네.
밝은 달빛과 갈대밭에서 함께 꿈에 들고
《입택苙澤》을 좇아 총서를 엮었네.

나의 아내가 여러 책에서 뽑아 모아서 각각 항목별로 나누었다. 시골의 살림 살이에 요긴하지 않은 것이 없고, 더욱이 초목, 새, 짐승의 성미에 대해서는 아주 상세하다. 내가 그 책 이름을 명명하여 《규합총서》라고 했다.

"이러니 제가 어찌 해마다 백화주를 담아 그에게 대접하지 않을 수 있었습니까?"

"그러고 보니 두 분은 마치 한 폭의 그림과도 같은 아름다운 부부였던 듯합니다. 끝으로 선생께선 부부란 과연 뭐라고 생각하는지요?"

"부부란 나를 알아주는 친구, 즉 '지우知友'이자, 어느 한쪽으로 기울지 않고 서로 키워 주는 '동료'가 아닐까요? 특히 우린 인생의 동료뿐 아니라 학문적 동료였죠."

지우를 따라가다

마침내 두 사람은 빙허각과 작별하고 현대 세계로 돌아왔다. 빙허각의 수척한 모습이 못내 마음에 걸렸는지, 도중 이 기자가 정 교수에게 물었다.

"이후 빙허각은 어떻게 되었나요? 설마 얼마 안 있어 남편을 따라간 건 아니겠죠?"

"예, 맞아요. 빙허각은 이후로도 계속 식음을 전폐하고 사리에만 누워 있다가 순조 24년(1824) 2월 66세의 나이로 남편을 따라 저세상으로 갔습니다. 죽기 전에 〈절명사絕命詞〉 한 수를 남겼는데, 자신도 지우를 따라가고 싶다는 간절한 마음이 담겨 있습니다. 현재 빙허각은 경기도 장단의 서씨 집안의 선산에 남편 서유본과 함께 고이 묻혀 있습니다."

그러고 나서 정 교수는 자못 비장한 목소리로 빙허각의 〈절명사〉를 읊어 주었다.

사는 것은 취한 것이요 죽는 것 또한 꿈이리니

살고 죽는 것은 본디 참이 아니라네.

부모에게 받은 목숨을 어찌하여 티끌처럼 여기겠는가?

태산과 홍해처럼 베풀고

서로 의를 따라 살았네.

우리 혼인할 때의 사랑을 생각하니

세상 그 어떤 것도 비할 바가 없었네.

평생을 짝을 이루어 아름다운 부부의 연을 맺은 지

50년이라네.

내가 받은 사랑의 기쁨을 잊을 수가 없으니

지기知己의 은혜에 보답해야만 하리.

이제 죽을 자리를 얻었으니

일편단심 신에게서 질정받으리.

나 죽어 지우에게 사례하리니

어찌 내 몸을 온전케 하리오.

심노숭 ⊙ 전주이씨

조선 선비의 눈물

슬프고 애통하도다. 녹祿이 있어도 그대를 봉양할 수 없음이여. 녹을 얻든 못 얻든 다 부끄러워 이마에 땀이 나네. 아직 무슨 생각이 남았으리오만 간혹 그대가 떠오르곤 하니, 인정에 차마 빨리 잊히지 않는가 보오.

남자의 눈물

'남자는 도저히 어찌할 수 없을 때 눈물을 흘린다. 또 남자는 다른 남자의 우는 모습에 눈물을 흘린다.'

정 교수가 이렇게 남자의 눈물에 대해 골똘히 생각하고 있는데, 때마침 이 기자가 연구실로 들어왔다. 정 교수는 자못 진지한 표정으로 그녀에게 물었다.

"이 기자는 남자들의 눈물에 대해 어떻게 생각하세요?"

"글쎄요. 우리나라 사람들은 남자가 울면서 눈물을 흘리는 것을 매우 부끄럽다고 생각하잖아요? '남자가 쩨쩨하게 울기는……', '남자는 태어나서 딱 세 번만 울어야 한다', '남자가 자주 울면 그것을 떼버려야 한다' 등 말이에요. 그래서인지 한국 남자들은 혼자 있을 땐 눈물을 흘릴지 몰라도 남들 앞에선 좀처럼 눈물을 보이려 하지 않는 듯해요."

"그럼, 조선시대 양반 남성의 눈물에 대해선 어떻게 생각하세요?"

"예? 양반 남성이 눈물을 흘렸다고요? 그건 정말 상상이 안 되는데요?"

"맞아요. 조선시대 양반 남성들은 눈물 흘리는 것을 매우 부끄러운 일이라고 생각했죠. '슬퍼하되 마음을 상하게 하지 말라[哀而不傷]'라는 공자의 말씀처럼, 되도록 감정 표출을 자제하고 이성적으로 행동하려 했습니다. 인간의 본능인 희로애락의 감정을 최대한 억제하는 것이 선비의 도라고 생각했죠.

그런데 조선시대에 눈물이 많은 한 양반 남성이 있었습니다. 영조에서 헌종대를 살았던 심노숭이 바로 그였죠. 그는 서른한 살 때 아내를 잃은 후 시도 때도 없이 눈물을 흘리며 자신의 감정을 거침없이 표현했습니다. 심지어 그는 아내의 죽음 이후 2년 동안 일체의 시문을 그러한 도망문(죽은 아내를 생각하여 슬퍼하며 지은 글)만 지었다고 해요. 나아가 그는 도대체 눈물이란 어떻게 해서 나오는 것인지 그 근원을 파헤쳐 보고자 했습니다. 〈눈물의 근원[淚原]〉이란 작품이 그것인데, 김영진 선생의 번역문을 토대로 전반부만 읽어 주도록 할게요."

눈물은 눈에 있는 깃인가? 아니면 마음(심장)에 있는 것인가? 눈에 있다고 하면 마치 물이 웅덩이에 고여 있는 듯한 것인가? 마음에 있다면 마치 피가 맥을 타고 다니는 것과 같은 것인가? 눈에 있지 않다면, 눈물이 나오는 것은 다른 신체 부위와는 무관하게 오직 눈만이 주관하니 눈에 있지 않다고 할 수 있겠는가? 마음에 있지 않다면, 마음이 움직임 없이 눈 그 자체로 눈물이 나오는 일은 없으니 마음에 있지 않다고 할 수 있겠는가? 만약 마치 오줌이 방광으로부터 그곳으로 나오는 것처럼 눈물이 마음으로부터 눈으로 나온다면 저것은 다 같은 물의 유로써 아래로 흐른다는 성질을 잃지 않고 있으되 왜 유독 눈물만은 그렇지 않은가? 마음은 아래에 있고 눈은 위에 있는데 어찌 물인데도 아래로부터 위로 가는 이치가 있단 말인가!

한번은 이렇게 생각해 보았다. 마음은 비유하자면 땅이고 눈은 구름이다. 눈물은 그 사이에 있으니 비유하자면 비와 같다. 비는 구름에 있지도 않고 땅에 있지도 않다. 그러나 비가 구름에서 생기고 땅은 관여하지 않는다고 한다면, 하늘 위에는 늘 비가 있어야 하지 않은가? 비는 땅에서 생기고 구름은 관여하지 않는다고 한다면, 비는 어째서 하늘로부터 내린단 말인가? 이는 기氣의 감응에 불과할 따름인즉, 눈물은 마음으로부터 나오고 또 눈으로부터 나오는 것이다.

"이렇게 심노숭은 아내의 상을 당해 매일 같이 시도 때도 없이 눈물이 나오는 것을 보고서, 도대체 눈물이란 어디에서 나오는 것인지 그 근원을 파헤쳐 보고자 했습니다. 결국 눈물이란 마음으로부터 나오고 눈으로부터 나오는 것인데, 그렇게 눈물을 흘리는 순간 아내는 늘 자기 곁에 와 있는 것으로 보았습니다.

오늘은 바로 이 눈물 많은 양반 심노숭을 만나 그들의 부부사랑에 대해 들어 볼까 합니다."

자기감정에 충실한 사람

여느 때처럼 정 교수는 먼저 심노숭에 대해 간략히 소개해 주었다.

"심노숭은 영조 38년(1762) 심낙수와 한산이씨의 2남 1녀 중 장남으로 태어났습니다. 그의 집안은 원래 명망 있는 가문이었으나, 7대조 심지원이 영의정을 지낸 이래 문과 급제자를 배출하지 못해 아버지 심낙수 대에는 가세가 많이 기운 상태였죠. 또한 심낙수는 성격이 매우 괄괄하여 늘 척신들의 공격에 앞장섰습니다.

심노숭은 16세에 현감 이의술의 딸인 전주이씨와 결혼했고, 22~23세 무렵에는 성균관에 들어갔으며, 29세에는 비로소 과거에 급제했지만 노론 벽파의 견제를 받아 별다른 벼슬조차 하지 못했습니다. 그래서 아버지의 부임지를 찾아다니며 풍류를 즐기거나 남산 아래의 주자동에 있는 집에서 글을 지으며 소일했습니다. 하지만 31세에 아내를 잃고 38세엔 아버지마저 잃자, 남산의 집을 떠나 파주로 이사해버렸죠.

노론 벽파의 득세로 오랫동안 벼슬길에 나가지 못하던 심노숭은 36세야 겨우 영희전 참봉에 제수되었습니다. 하지만 그의 나이 40세인 1801년 노론 벽파가 다시 정권을 장악하자 시파의 핵심 인물이었던 아버지 심낙수의 관직이 삭탈되고, 심노숭도 경상도 기장현으로 유배되었습니다. 그는 이때부터 1806년에 해배될 때까지 6년여 간 매일같이 일기를 썼는데, 모두 20책으로 그의 문집 《효전산고》에 남아 있습니다.

이후 심노숭은 54세인 1815년부터 형조정랑을 시작으로 논산현감, 천안군수, 광주판관, 임천군수 등을 역임했습니다. 이때 그는 야사집에 깊은 관심을 갖고 《대동패림》 56종 125책을 편찬했습니다.

마침내 64세인 1825년에 연로하다는 이유로 임천군수에서 파직된 그는 파주로 돌아가 우거하며 학문과 창작에만 몰두했습니다. 그리고 헌종 3년(1837) 1월에 76세의 나이로 세상을 떠났습니다."

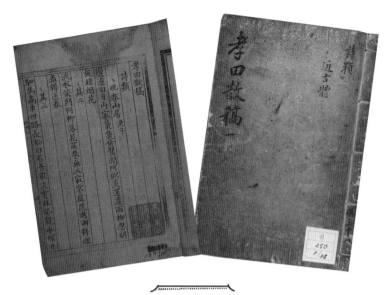

〈효전산고孝田散稿〉

심노숭, 19세기, 38책, 연세대학교 도서관. 1801년부터 1806년까지 경상도 기장현에서 유배 생활을 하며 쓴 유배 일기다. 노론 시파의 핵심 인물이었던 아버지의 영향으로 심노숭도 파란만장한 인생을 살 수밖에 없었다.

정 교수의 얘기가 끝나자, 이 기자가 평소처럼 예리한 질문을 던졌다.

"근데 심노숭은 어떻게 해서 그처럼 자기감정에 충실한 사람이 될 수 있었나요?"

"예, 아주 좋은 질문입니다. 이는 그의 인생 경험과 밀접한 관련을 맺고 있습니다. 젊은 시절에 심노숭은 자주 과거에 낙방했습니다. 그러면서 패사소품, 특히 소설 읽기를 좋아하여 중국의 사대기서나《서상기》등에 빠져 살았죠. 이러한 그의 개방적이고 자유분방한 성격이 아내의 죽음에 대한 슬픔을 거리낌 없이 표현할 수 있게 만들었던 것으로 보입니다.

또한 심노숭은 젊은 시절에 관직과도 동떨어진 삶을 살았습니다. 그는 노년인 54세 이후에야 비로소 관직 생활을 했습니다. 그래서 당시 정치 상황에 비판적인 태도를 취하기도 했습니다. 이렇게 그의 정치적 행보에 자의적, 타의적으로 제약이 가해지면서 사람에 대한 관심을 갖게 되었는데, 그러면서 자연스럽게 인간의 감정을 긍정적으로 보게 된 듯합니다. 실제로 그는 평양의 창고지기 장복상, 보살 박씨, 당대의 유명한 가기歌妓 계섬, 제주의 여자 거상 김만덕, 무인 구팔주 등 일생 수많은 사람들의 이야기를 기록으로 남겼습니다.

그렇기에 심노숭은 스스로 '정情에 약하기가 꼭 아녀자와 같다'라고 고백할 정도로, 남들에 비해 여성적 성격이 강했습니다."

아내의 무덤가에 나무를 심다

이윽고 두 사람은 심노숭이 아내와 사별한 바로 이듬해인 1793년 한식날, 파주 분수원 미륵산 아래에 있는 전주이씨의 묘소에 도착했다. 그곳에선 심노숭이 나이 많은 한 노비와 함께 어린 삼나무 묘목 30여 그루를 심고 있었다. 또한 주변의 100보쯤 떨어진 곳에는 그의 집인 우상정雨床亭이 자리 잡고 있었다.

정 교수는 이 기자와 함께 심노숭에게 다가가 우선 인사치레로 물었다.

"지금 뭐하고 있으세요? 무슨 나무를 그리 많이 심는지요?"

"보면 모르시겠소? 한식날을 맞아 새로 쓴 아내의 무덤가에 나무를 심는 중이외다."

"이 산에는 아름드리나무들이 많아 더 이상 나무를 심지 않아도 될 듯한데요?"

"아니오. 본래 이 산은 울창했으나, 아내의 장례를 치를 때 무덤 주변의 나무들을 쳐내어 넝쿨이 뻗치고 그늘이 드리우는 것을 막으려 했소. 또 가시나무를 베고, 소나무와 잣나무, 삼나무 등만을 남기고 나니 나무들이 조금 성글게 되어 한식날을 맞아 어린 삼나무를 심는 중이오. 이후로도 나는 죽는 날까지 봄, 가을로 아내의 무덤가에 나무를 심을 작정이라오."

심노숭이 워낙 강력하게 말하니, 정 교수는 문득 그 연유가 궁금하여 다시 물었다.

"왜 그렇게 아내의 무덤을 단장하는 데 신경을 쓰는 건가요? 아내 생전에 무슨 특별한 사연이라도 있었나요?"

그러자 심노숭이 갑자기 슬픈 표정으로 긴 한숨을 내쉬며 말하였다.

"어찌 사연이 없을 수 있겠소? 본래 나는 남산 아래 주자동(현 서울 필동)에 살았소이다. 그 집엔 꽃과 나무가 많았으나 날이 갈수록 황폐해졌소. 성품이 게을러 제대로 가꾸지 않은 탓도 있으나, 집이 하도 낡아 꽃과 나무까지 아울러 가꿀 여력이 없었다오.

하루는 아내가 내게 말하더이다.

'다른 집들은 남편이 꽃과 나무를 하도 좋아하여, 심지어는 제 아내의 비녀와 팔찌까지 가져다 팔기도 한다더이다. 헌데 당신은 그와 반대로 집이 낡았다고 꽃과 나무까지 내팽개치시나요? 비록 집이 낡았

다 하나 꽃과 나무를 잘 가꾼다면 이 또한 남의 볼거리가 되지 않겠습니까?'

하여 내가 말하였소.

'그 꽃과 나무를 가꾸려 한다면, 집 또한 손볼 수밖에 없을 게요. 허나 나는 이 집에서 오래 살 생각이 없으니, 어찌 남의 볼거리를 위해 신경 쓸 필요가 있겠소. 나는 늙기 전에 당신과 함께 고향 파주로 돌아가 새집을 지으려 하오. 그래 꽃과 나무를 심어 그 열매를 따서 제사상에 올리거나 부모님께 바치고, 꽃은 구경하면서 당신과 함께 머리가 하얗게 세도록 즐기고 싶소. 그게 바로 내 생각이라오.'

그 말에 아내가 몹시 좋아하더이다."

심노숭은 잠시 숨을 고르고 계속 말하였다.

"드디어 작년에 이곳에다 조그마한 집을 새로이 지었소. 아내는 매우 기뻐하며 농담 조로 말했다오.

'이제 당신 뜻을 이룬 것인가요?'

나는 정원과 담장을 배치하거나 창문의 위치를 잡는 것까지 모두 아내와 상의하며 했다오. 또 공사가 끝나기를 기다려 꽃과 나무를 심으려 했다오. 헌데 공사가 다 끝나기도 전에 아내가 병들고 말았지.

나는 아내의 병에 차도가 있을 때마다 곧장 이곳에 와 일을 했소. 허나 일이 거의 다 끝나갈 무렵, 아내는 병이 위독해져 결국 이 세상을 떠나게 되었소. 임종 직전에 아내가 내게 간곡히 말하기를,

'제가 죽으면 파주 집 곁에 묻어 주세요!'

이에 우리는 서로 얼굴을 마주하고 눈물을 흘렸다오.

지난해 6월 어머니를 모시고 파주로 이사 오던 날, 아내는 관棺에

실려 왔소. 나는 아내의 유언대로 무덤 자리를
집에서 100보도 되지 않는 곳에 정했소. 기거하
고 음식을 먹을 때마다 아내와 혼이 통하기 위해
서였소."

말을 마친 심노숭은 갑자기 땅바닥에 주저
앉아 오열하였다. 남자가 큰소리로 울며
눈물을 흘리는 모습을 보자, 정 교수는 자신도 모르게 울컥하며 눈물
을 쏟았다.

얼마 후 심노숭이 눈물을 멈추고 자못 비장한 얼굴로 다시 말했다.

"지난날을 돌아보면 나는 심기가 약해 자신을 믿고 의지하지 못했
소. 이제 남은 인생을 생각해 보니 불과 몇십 년이요, 한 번 죽으면 천
백 년 무궁할 것이외다. 이제야 비로소 내가 무엇을 해야 할지 알게
되었소. 비록 살아서는 이 집에서 아내와 함께 살지 못하나, 죽어서는
영원히 이 무덤에서 함께 살 것이니 그 즐거움이 무궁할 것이외다. 이
것이 바로 내가 새로 쓴 아내의 무덤가에 나무를 심는 까닭이외다."

"아, 선생께선 꽃과 나무를 심으면서 아내에 대한 영원한 사랑을 표
현하고 있었군요. 이제야 아내의 무덤가에 나무를 심는 뜻을 알겠습
니다."

하지만 곁에 있던 이 기자가 거의 핀잔에 가까운 어투로 심노숭에
게 말하였다.

"선생께선 어찌 장차 살아갈 일은 도모하지 않고 사후의 계책만 세
우고 계십니까? 사람이 죽으면 아무것도 알 수 없거늘, 도대체 무엇
을 계획한단 말입니까?"

그러자 심노숭이 발끈하여 큰소리로 말하였다.

"지금 뭐라고 하였소? 사람이 죽으면 아무것도 알 수 없다니……. 그것은 내가 진정 참을 수 없는 말이외다!"

그리고는 부근에서 일하고 있는 노비의 삽을 뺏어 들고 아무 데나 무작정 땅을 파기 시작했다.

독실한 불교 신자였던 아내

얼마 후 정 교수가 심노숭에게 다가가 실은 그의 부부사랑에 대해 들으러 왔다고 말한 뒤, 우선 아내 이씨에 대한 이야기부터 듣고자 했다.

"부인은 생전에 어떤 사람이었나요? 듣기에 누구보다 겸손하고 지혜로우며, 낙천적인 사람이었다고 하던데요."

그러자 심노숭이 자못 흥분된 얼굴로 자랑스럽게 말하였다.

"그렇소이다! 아내는 평소 행실이 겸손하여 뽐내는 기색이 전혀 없었다오. 혹 내가 어떤 일에 대해 물으면 항상 이리 대답했소.

'아녀자가 그걸 어찌 알겠습니까? 설령 안다 해도 어찌 말할 수 있겠습니까?'

아내는 겉으론 과묵하여 무능한 듯 보였지만, 실은 천성이 지혜롭고 이치에 매우 밝았으며, 말도 조리 있게 아주 잘했다오.

게다가 나는 본디 품성이 게을러 출세하려는 뜻이 적었소. 과거 공부에 힘썼으나, 지금까지도 이룬 것이 없어 아내로 하여금 하루도 편안하게 해 주지 못했소. 허나 아내는 그것 때문에 걱정하는 일이 없었소. 다른 이들의 영달을 보고도 전혀 시기하거나 부러워한 적이 없었다오.

아! 그리도 빼어났던 아내의 뜻이 여기서 그치고 말았으니 어찌 슬프지 아니하겠소이까? 이는 아내의 운명이 박한 것이 아니라, 나의 운명이 박한 것이외다.”

그는 진심으로 아내를 믿고 의지했던 듯했다. 정 교수의 질문은 계속 이어졌다.

“조선은 유교 사회로, 양반 사대부들은 다들 불교를 배척했잖아요. 근데 선생의 집안은 어머니뿐 아니라 아내도 매우 독실한 불교신자였다고 하더라고요. 특히 나이 많은 여신도인 박 보살과 아주 가깝게 지냈다고 하던데, 대체 그 박 보살은 누구인가요?”

“아니, 그 말은 또 어디서 들었소? 청하건대 남들에게는 절대 발설하지 않았으면 하오.

박 보살은 원래 개성부 사람이었소. 대대로 행상을 하여 재산이 자못 넉넉했다 하더이다. 그 부친은 호협한 인물로, 힘이 세어 남을 치는 것이 사나운 호랑이와 같았다 하오. 헌데 어느 날 크게 취하여 집으로 돌아오더니 곧바로 죽고 말았소. 실은 독살된 것이었다오. 허나 그것을 알아낼 길이 없는 박 보살은 그저 세상만 원망할 뿐 원수를 갚지는 못했다오. 이후 홀어머니와 살았는데, 재산이 이미 탕진된지라 삯바느질로 생계를 꾸려 나갔소. 다행히 솜씨는 빼어나면서도 품삯은 낮게 받아 온 성안의 바느질감이 그녀에게로 몰렸다오.

당시 검률차관 박희모란 자가 막 아내를 잃었는데, 그녀의 현숙함을 듣고는 후취로 들였다오. 박 보살은 20여 년간 그와 함께 살면서 딸 둘을 낳았소. 박희모가 죽었을 때 그녀는 또 임신 중이었는데, 그 뒤로 아들을 낳았으나 8살이 되어 죽고 말았다오. 하여 박 보살은 전답을 절에 바치고, 집과 기물, 복식 등을 팔아 여러 달 절에서 재를 올렸소.

이후로도 박 보살은 절에 들어가 팔에 향을 살라 계율을 받고는 마늘과 고기를 끊고 불경을 읽었다오. 그리 절에서 10년을 지내니, 다른 승려들도 부처처럼 떠받들었다 하더이다. 절은 도성으로부터 20리 거리인 수락산 아래에 있었소. 당시 양반 사대부의 부녀자들이 불공을 드릴 때마다 그녀를 통하곤 했다오.

박 보살은 사람됨이 아주 맑고 깨끗했는데 도성을 오갈 때마다 흰옷에 짚신, 대나무 지팡이 하나를 들었으며, 어린 사미승 하나가 그 뒤를 따랐소. 사람들은 그녀를 '재세관음再世觀音'이라 부르곤 했다오."

"근데 박 보살이 어떻게 해서 선생의 가족과 알게 되었습니까?"

"박 보살은 대처에 있을 때 남산 아래의 훈도방에 살았는데, 우리 집과 이웃한 곳이었소. 하루는 모친께 인사를 드리니, 모친께선 그녀의 궁함을 불쌍히 여겨 잘 대접해 주었고, 박 보살은 또한 모친을 아주 좋아하여 도성에만 들어오면 우리 집을 찾아왔소. 며칠씩 머무르며 방에서 모친을 모시고 베를 짜기도 하고, 음식상을 보아 드리기도 하고, 집 안을 청소하기도 하고, 주렴을 고치기도 하는 등 여러 가지 자잘한 일을 부지런히 해 주었다오. 한번은 어떤 이가 박 보살의 처지를 걱정하니, 그녀가 대답하는 것이었소.

'저는 세상에서 가장 궁한 이로, 하늘도 싫어하고 사람들도 천하게 여깁니다. 오직 이 집 마님께서만 불쌍히 생각해 주시니, 저는 살아서는 마님의 손발이 되어 드리고, 죽어서는 부처님의 손발이 되어 드리고자 합니다.'

박 보살은 절에서 내려와 우리 집에 올 때마다 우선 당에 올라 모친께 큰절을 올린 후 봇짐을 풀어 송이와 미역 부침개를 나눠 먹곤 했소. 그리고는 〈회심가〉나 〈천수경〉을 외우며 반복해서 그 뜻을 풀어 주었다오. 나는 비록 어린 나이였으나 자못 들을 만했소이다."

"그럼 박 보살과 부인은 또 어떻게 인연을 맺게 되었는지요?"

"나는 그 뒤로 이씨를 아내로 맞이했소. 헌데 아내는 독실한 불교신자여서, 박 보살이 매우 좋아했다오.

'마님께서는 나를 좋아하기는 하나 불교를 좋아하지 않아 한스럽게 여겼습니다. 허나 아씨께서는 불교를 아주 좋아하니, 이는 연분이라 어찌 인력으로 막을 수 있겠습니까?'

이로부터 박 보살은 항상 아내를 '우리 아씨, 우리 아씨' 하고 부르며 쫓아다녔다오. 아내와 모친, 시누이, 동서, 첩 등이 박 보살 앞에 둘러앉아 불경을 외고 게偈를 읊조리면서 모친의 장수를 축원하니, 그 웃음소리가 집 안에 가득했소. 이리하여 평소 규방에 거처할 때 박 보살이 없으면 즐겁지 않았다오.

한번은 부친께서 평안도에 현감으로 나가시어, 모친과 아내는 박 보살과 함께 그 부임지를 찾아갔다오. 그곳은 산수가 좋은 곳에 위치하여 유명한 사찰이 많았소. 박 보살이 한 달에 한 번씩 나가서 불공을 올리니, 아내는 그 물자를 보냈소. 모친께서는 아내가 지나치게 힘씀을 책망하기도 했지만, 그렇다고 막지는 않았다 하오. 박 보살은 아

〈재인才人〉

작자 미상,《풍속화첩風俗畵帖》, 국립중앙박물관. 심노숭의 아내는 매우 독실한 불교 신자였
는데, 특히 나이 많은 여신도인 박 보살과 아주 가깝게 지냈다.

내가 오래도록 아들을 낳지 못하는 것을 안타까워하며 종종 이리 말했소.

'제가 부처님 앞에 공양할 때마다 우리 아씨께 아들 하나만 점지해 달라고 기도한답니다.'

그 고을의 이웃에 옥玉 광산이 있었는데, 아내는 비녀와 가락지를 팔아 옥을 사서 세 개의 등燈을 만들었소. 그래서 하나는 그 고을의 절에 시주하고, 하나는 평양 영명사에 시주했소. 나머지 하나는 상자에 넣어 두었다가 한양으로 돌아와 박 보살이 있는 수락산 절에 시주했소. 마침내 아내가 아들을 낳아 박 보살이 1년간 보살폈으나 끝내 죽고 말았소. 그때 박 보살이 통곡하며 말했소.

'진실로 탁생托生의 이치가 있다면, 나는 오늘 죽어 내일 우리 아씨의 아들이 되려오.'

몇 해 뒤 아내는 병이 들었소. 박 보살은 아내를 위해 열심히 기도했으나 병은 더욱 위독해졌고, 아내는 박 보살에게 장례를 맡아 달라고 부탁했소. 아내가 죽었을 때 박 보살은 달려와 목욕재계하고 몸소 쌀을 씻어 밥을 해서 망자에게 바쳤소. 장례 때에는 입으로 불경을 외며 손으로 염殮을 했는데, 노복들도 함께하지 못하게 했소. 그렇게 장례를 치르고 난 뒤 나는 이곳 파주에서 지냈소이다."

"그럼 아내가 죽은 후 박 보살은 어떻게 되었습니까?"

"그 후로도 박 보살은 우리 집에 찾아오긴 했으나, 더 이상 즐거운 기색이 없었다오. 나중에 들으니 박 보살은 아내의 제삿날 바로 며칠 전에 75세의 나이로 죽었다고 하더이다. 참으로 희한하고 안타까운 인연이었다오."

쑥을 보니 그대 생각나

정 교수는 계속해서 심노숭에게 물었다.

"혹시 또 부인에 관해 기억나는 건 없습니까? 함께 살면서 가장 행복했던 순간이랄까⋯⋯?"

"내게 가장 기억에 남는 건 해마다 봄이면 쑥을 캐서 집안 잔치를 벌인 일이라오. 올봄에도 제수씨가 차려 준 밥상 위에 쑥이 놓여 있자 그 모습이 떠올라 시를 쓴 적이 있소. 잠시 그 시를 읊어 주리다."

그대 있을 적엔 매년 쑥으로 음식 만들어

집에는 기쁨과 웃음 가득, 시누이·동서 한자리에 모였지.

치마 걷어올려 허리에 끈으로 졸라매고

손에는 호미를 쥐었네.

모친은 그 모습 지켜보면서 많은지 적은지를 매기시고

그대는 계속 쑥을 뜯고, 딸아이는 광주리 들고 곁에 있었지.

순식간에 국이 다 되고, 밥도 뜸이 다 들어

북쪽 시장에서 장醬을 사고, 서쪽 시장에선 기름을 사오네.

마침 문 앞에 생선 장수 있어 한 꿰미 생선을 사니

생선이며 봄 음식이며 상에 낭자하네.

밥상 앞에 나서니 응당 술 한 잔 생각나

그대는 패물 풀어 어린 계집종에게 주며 술 받아 오라 시켰지.

술을 기다리는 동안 이런저런 얘기 도란도란

골목 어귀 신씨 아낙 집에 새로 술을 걸렀다지.

밥상에 둘러앉아 웃음소리 시끌하고

나는 또한 시 한 수 읊조리니 온갖 시름 다 잊히네.

"아내는 또 죽기 전에 쑥을 보면 자기를 생각해 달라고 말하기도 했소."

"예, 아내 역시 그때를 가장 행복한 순간으로 기억하고 있었나 봅니다. 아내는 정말 지혜롭고 대범한 분이었던 듯합니다."

그대 생각에 잠 못 이루고

그때 나이 많은 노비는 무덤 뒤쪽에서 나무를 심고 있었는데, 심노숭이 갑자기 그곳으로 가더니 한바탕 야단을 치고 돌아왔다. 그러자 정 교수가 조심스럽게 물었다.

"왜 그러세요? 무슨 잘못이라도 했나요?"

"땅을 대강 파서 나무를 심고 있잖소. 그리하면 뿌리가 제대로 내리지 못해 나무가 금방 말라 죽게 된다오."

정 교수는 다시 심노숭에게 부인의 죽음에 대해 물었다.

"서른한 살이면 아직 젊은 나이인데, 부인은 왜 그렇게 일찍 세상을 떠났나요? 무슨 전염병에라도 걸렸나요?"

"아니, 아내의 죽음은 전적으로 내 탓이었소. 본래 우리 집안은 경제적으로 상당히 부유했으나 증조부, 조부, 부친께서 모두 일찍 돌아가신 탓에 가세가 급격히 기울었다오. 나 또한 아직 관직에 진출하지 못했고 말이오. 게다가 조선 사람들은 아무리 양반 사대부라 할지라도 수입은 변변찮고 식구들은 많아 늘 살림살이가 쪼들리기 마련이라오.

아내는 평소 시래깃국조차 배불리 먹지 못했고, 병이 나도 인삼이나 복령 같은 좋은 약재를 쓸 수 없었소. 눈 내리는 겨울, 아이들이 밤새 굶주림에 울어대면 아내는 젖이 나오지 않아 줄 수도 없었소. 그래도 아내는 아이들을 강보에 싸서 따뜻하게 해 주고 밝게 웃으며 내게 말했소.

'훗날 이런 일도 추억이 되어 함께 얘기할 수 있겠지요?

죽기 전에 아내가 친정인 삼청동 집에 가서 병치레하다가 세상을 떠난 것도 가난 때문이었소. 좁은 집에 세를 들어 살면서 식구들이 자신의 병 수발과 초상을 치르느라 고생할까 봐 미리 친정에 가 있다가 세상을 떠난 것이었소.

하물며 나는 아내의 임종조차 지켜보지 못했소. 본디 나는 마음이 약해 아내의 병이 심해진 뒤로 늘 곁에서 머뭇거리기만 했소. 아내도 그런 내 성격을 잘 알아 집으로 돌려보내고, 보고 싶다는 말도 자주 하지 않았소. 죽기 바로 전날 밤에도 아내는 말하기가 힘에 부치고 혀가 이미 굳어져 가는데도 이리 말하고 세상을 떠났다 하외다.

'공연히 지아비의 잠 깨우지 마오.'

'지아비께 인사도 못 하고 가니 더욱 가슴 아프오.'

사정이 이러했으니 아내의 죽음은 전적으로 내 탓이 아니고 무엇이겠소?"

심노숭은 생각할수록 죄책감이 드는지 고개를 숙이고 흐느끼기 시작했다. 정 교수는 조금이나마 위로하고자 그에게 다시 물었다.

"그래서 아내를 잃은 뒤로 그토록 많은 도망문을 썼나 봅니다. 2년여 동안 시 26편, 문 23편을 썼다고 하던데, 그것은 우리나라 문인사상 전무후무한 일이 아닐까 합니다."

"아니오. 죄책감도 있었으나, 실은 잠을 이루지 못하여 썼던 것이오. 나는 본디 잠을 잘 자서 눕기만 하면 잠에 떨어졌었소. 흔히 '마음에 번민이 있으면 잠을 못 잔다'고 하나, 나는 오히려 잠을 자면 마음의 번민도 이길 수 있다고 생각할 정도였소. 허나 요새는 완전히 다르니, 밤 삼경(23~1시), 사경(1~3시), 오경(3~5시)이 지나도록 잠들지 못해 촛불 아래서나 이불 속에서나 정신이 또렷했소. 책을 읽어도 마음이 거기에 있지 않고, 사람들과 얘기를 나눠 봐도 괴로울 뿐이며, 바둑을 두고 싶어도 짝이 없고, 거문고를 듣자니 이는 상중喪中의 예가 아니었소. 벽을 마주하여 혼잣말을 하자니 꼭 자학하는 듯하고, 옷을 입고 나가 홀로 걷자니 미친 이에 가까울 것 같았소. 오직 술을 마셔 보지만, 취하면 잠들 수 있으나 중간에 깨 버리면 더욱 잠들기 어려웠소. 이전에 말한 '잠이 번뇌를 이긴다'는 것은 일찍이 내가 정말 큰 번뇌를 겪어 보지 못해서 그런 것이었소. 작은 번뇌라면 이기겠으나, 큰 번뇌는 애초에 전혀 잠에 들지 못하니 어찌 이길 수 있겠소? 그리 열흘이 지나고 한 달이 다 가도록 끝내 잠들 수 있는 방법을 찾지 못했소."

"와, 한 달이 되도록 잠을 못 자다니 정말 고통스러웠겠는데요! 이곳 파주로 이사 온 뒤로도 계속 그랬습니까?"

"그렇소이다. 작년 6월 한양을 떠나 파주로 온 뒤에는 사람을 만날 일이 없어 종일토록 하늘만 바라보았소. 내 몸을 돌아보니 정말 사람 꼴이 아니었더이다. 대낮에도 거의 베개맡에만 있으니, 하물며 저녁

에야 말해 무엇 하겠소? 어느덧 싸늘한 가을 기운이 일어 온갖 벌레들 소리 내어 울어대고, 서쪽 산으로는 달이 지고, 빈집에는 고요히 아무도 없었소. 홀연 온갖 시름이 다 잊히고, 나는 오로지 잠을 자야겠다는 일념뿐이었소. 진실로 잠들 수만 있다면 저 죽은 이도 다시는 보고 싶지 않았소. 차라리 북녘 창에 나가 복희씨를 뵙고 무엇하러 남녀가 혼인하는 제도를 만들어 이러한 화근이 생기게 했는지 묻고 싶었다오. 허나 그것도 불가하여 혀만 끌끌 차며 허공에다 글씨를 써 볼 뿐이니, 정말 가슴속에 무슨 병이라도 생기는 듯했소."

"그것참 힘들었겠는데요! 그래서 어떻게 되었나요?"

"하루는 문득 스스로 깨닫게 되었소.

'시문詩文을 지으면 바야흐로 그 마음과 손이 함께 움직여 눈으로 보고 입으로 읊조릴 것이다. 시문을 짓는 것과 잠드는 것은 서로 관계가 없으나, 시문을 많이 지으면 잠 또한 많아질 것이고, 마침내 잠이 시문을 짓는 것보다 많아져 결국은 시문을 지을 시간도 없게 될 것이다.'

이리 생각하자 웃음이 절로 나오고 기분도 한결 좋아져, 드디어 밤낮으로 베갯맡에서 시문을 짓기 시작했소. 물론 저음에는 번뇌만 보태는 듯하고 잠은 들지 못하더니, 조금 지나자 번뇌와 잠이 반반씩 되고, 또 조금 지나자 잠이 많아지고 번뇌는 적어지게 되었소. 그리고 이제는 거의 번뇌를 잊은 채 잠들 수 있게 되었소.

이렇게 하여 지은 시문이 책을 이룰 정도가 되어 사람들에게 보여줬더니, 어떤 이가 말하기를, '그대의 운명이 시문으로 인해 궁해졌거늘, 어찌하여 시문 짓기를 그치지 않아 그 궁함을 더하는가?' 하여 내가 말했소.

'운명 그 자체가 궁한 것이지, 어찌 시문 때문에 궁하리오. 오히려 시문으로 궁함을 잊고 있으니 그 공이 크다 할 만하외다.'

이후 나는 그 시문을 모아 《침상집枕上集》이란 책을 만들었는데. 그 글들이 전부 베개맡에서 지어졌기 때문이라오."

"하하하. 시문으로 불면증을 극복하려 하다니 정말 의지가 강한 분이시군요. 선생께선 어떤 문제에 부딪히면 쉽게 굴하지 않고 그 근원을 파헤쳐서 이겨 내려는 특이한 버릇이 있는 듯합니다."

그대 향한 마음은 쉽게 지워지지 않고

이윽고 아까 그 노비가 다가와 무덤 주변에 나무를 다 심었다고 아뢰었다. 그러자 심노숭도 정 교수에게 더 이상 들려 줄 얘기가 없다면서 노비를 앞세우고 집으로 돌아갔다.

두 사람도 어쩔 수 없이 현실로 돌아왔는데, 도중 이 기자가 여전히 뾰로통한 얼굴로 정 교수에게 물었다.

"심노숭도 다른 양반 사대부들처럼 얼마 안 있어 재혼하거나 첩을 들였겠죠? 아무리 그래도 죽을 때까지 아내를 그리워하며 살지는 않았을 듯한데요?"

"예, 심노숭도 아내와 사별한 지 2년 후인 서른세 살에 재혼했습니다. 부모를 모셔야 하고, 무엇보다 하나 남은 열두 살 된 딸을 키우기 위해선 어쩔 수 없었죠. 그러나 아내를 여읜 지 5년이 지나도록 단 한 순간도 기쁨을 느끼지 못했다고 합니다. 오히려 시간이 흐를수록 아내에 대한 그리움은 더욱 커져만 갔다고 하더라고요."

"그래도 결국은 아내를 까마득히 잊고서 후처와 즐겁게 살지 않았을까요? 사람의 일이란 시간이 흐르면 다 추억으로만 남기 마련이잖아요."

"꼭 그렇지만은 않은 듯합니다. 심노숭은 55세인 1816년 논산현감으로 부임해 가면서 다시 아내의 무덤 앞에 서서 회포를 고합니다. 내가 한번 읊어 줄게요."

슬프고 애통하도다. 녹祿이 있어도 그대를 봉양할 수 없음이여. 녹을 얻든 못 얻든 다 부끄러워 이마에 땀이 나네. 아직 무슨 생각이 남았으리오만 간혹 그대가 떠오르곤 하니, 인정에 차마 빨리 잊히지 않는가 보오.
그대 죽은 뒤로 내 한없이 슬퍼하기만 했소. 이제 노년에야 고을 현감이 되니, 그 작기가 콩알만 하다오. 다른 이에게는 임금의 은혜가 박할지 모르나 내겐 두텁기 그지없다오. 허나 이제 와서 부귀영화를 누린들 무슨 즐거움이 있겠소? 부리는 종들로부터 손님이나 벗들에 이르기까지 나를 따라온 지는 모두 예전의 사람들이 아니라오.
우리의 딸아이가 아들을 낳아 총각머리 할 정도가 되었다오. 그 어미가 우리 집안의 옛일을 들려주고, 손주는 곁에서 들으며 웃고 즐거워한다오. 그래서 슬픈 중에도 기뻐할 만하고, 살아 있는 게 죽는 것보다 낫다고 생각하기도 한다오. 이제 부임지로 떠나면 오래도록 그대 무덤을 비워 두겠기에 회포를 금치 못하겠구려. 간단히 고하는 바이니 살피시구려.

"물론 예전에 비하면 애틋한 감정은 많이 누그러졌지만, 그는 이렇

〈동문조도東門祖道〉

정선, 18세기, 이화여자대학교박물관. '조도祖道'는 길을 떠나는 전별 의식을 뜻한다. 심노숭은 1816년 논산현감으로 부임해 가기 전 아내의 무덤 앞에서 자신만의 전별 의식을 치른다.

게 나이가 들어서도 여전히 아내를 그리워하고 있었습니다.

　이처럼 심노숭은 살아서나 죽어서나 아내에게 많이 의존했으며, 그러한 자기감정을 솔직히 표현한 사람이었습니다. 그는 정말 조선시대의 보기 드문 선비였습니다."

　심노숭은 비록 조선 후기를 살았으나 자기감정에 상당히 충실한 '근대적 인간'이었다. 그가 흘린 눈물은 결코 단순한 눈물이 아니었던 것이다.

하욱 ⊙ 김삼의당

천생연분의 운명

작년에는 머리카락을 잘라 양식을 마련했
고, 올봄에는 비녀를 팔아 여비를 마련했습
니다. 내 몸의 장신구들이 다 없어진다 한들
당신의 과거 공부에 드는 비용을 어찌 모자
라게 할 수 있겠습니까?

남원의 여성 시인

"이 기자님, 혹시 천생연분이 뭔지 아세요?"

"천생연분이요? 하늘이 맺어 준 인연을 말하잖아요."

"예, 맞습니다. 허나 내가 보기에 천생연분이란 '천千에 하나一' 있을까 말까 하는 인연, 즉 1천분의 1의 인연을 말하는 듯합니다. 그만큼 천생연분은 만나기 어렵다는 것이요, 금슬이 좋다는 것이지요."

"생각해 보니 그럴듯하네요. 근데 왜 갑자기 천생연분을 말씀하세요?"

"오늘 우리가 만나게 될 김삼의당·하욱 부부가 바로 그러한 천생연분이었습니다. 물론 그들도 인생이란 가혹한 현실을 피해갈 순 없었지요. 그럼, 두 사람은 천생연분으로서 과연 어떻게 부부사랑을 했는지 직접 만나서 이야기를 들어 보도록 합시다."

그러고 나서 정 교수는 먼저 오늘의 주인공인 김삼의당에 대해 간략히 소개해 주었다.

"김삼의당(1769~1823)은 본관이 김씨요, 당호는 삼의당三宜堂이었습니다. 전라도 남원 서봉방에서 태어났고, 열여덟 살에 생년월일이 같고 한동네에 사는 담락당 하욱과 결혼했습니다(혹자는 삼의당 남편의 이름을 하립이라 하기도 하고, 혹자는 하욱은 아명이고 본이름은 하립이라 하기도 한다. 여기에서는 문집에서 나온 대로 하욱이라 하기로 한다).

삼의당은 평생 시와 문을 지은 여성 문인이었습니다. 남원이란 지방 출신이자 여성의 창작 행위가 금기시된 조선 후기임에도 꾸준히 독서하며 수많은 시문을 지은 분이었죠. 1930년대에 간행된 그녀의 문집 《삼의당집》은 두 권으로 되어 있는데, 시 253편, 서간 6편, 서 7편, 제문 3편, 잡록 6편이 수록되어 있습니다. 양적으로만 본다면 조선시대 여성 작가 가운데 가장 많은 작품을 남긴 분이었습니다."

"두 사람의 얘기를 들으니 문득 《춘향전》이 떠오르네요. 춘향과 이도령 이야기도 남원을 배경으로 하고, 생년월일이 같은 것으로 설정되어 있잖아요. 근데 지금까지 잘 알려지지 않은 여성 작가인데, 그녀의 글들은 주로 무엇을 표현하고 있나요?"

"예. 삼의당의 글은 대부분 남편과 주고받거나 주변 사람들과의 교유, 자녀 양육과 죽음, 농사일의 애환, 시골 생활 풍경 등입니다. 또 시는 표현이 대단히 세련되고 현대적인데, 이를 통해 그녀의 문학적 재능이 얼마나 뛰어났는지 알 수 있죠."

전별 잔치

이내 두 사람은 삼의당과 하욱의 나이 42세 무렵에 살았던 전라도 진안 마령 방화리에 도착했다. 우거진 숲 속에 초가집 한 채가 들어서 있었는데, 외짝 사립문은 낮에도 닫혀 있고, 뜰에는 모란과 작약, 송죽, 난초, 국화 등 온갖 꽃들이 심어져 있었다. 또 초가집 마루 위에는 '삼의당'이란 편액이 걸려 있어, 이 집안에서 아내의 위상이 어떠한지 쉽게 알 수 있었다.

정 교수가 이 기자와 함께 처마 밑으로 다가가니 한 여인의 은근하면서도 농염한 목소리가 흘러나왔다.

권주가勸酒歌

그대에게 술을 권하오
그대에게 권하오니 사양치 마시오
유령劉伶 이백李白도 다 무덤의 흙이 되었으니
한 잔 또 한 잔 권할 이 뉘리오

그대에게 술을 권하오
그대에게 권하니 술을 드시오
인생의 즐거움이 얼마나 되리오
나 그대 위해 칼춤을 추리다

그대에게 술을 권하오
그대에게 권하니 실컷 취하오
부질없는 주안상 머리의 돈은 원치 않고

오래도록 마주 앉아 술 들기를 원하오.

정 교수는 가벼운 인기척과 함께 방문을 열며 말했다.

"안에 계십니까?"

그러자 술상 앞에 앉아 있던 삼의당이 얼른 자리에서 일어나 반갑게 맞이했다.

"어서 오세요. 먼 길 오느라 고생 많았습니다."

"무슨 좋은 일이라도 있습니까? 부부가 마주 앉아 권주가를 부르며 술을 마시고 말이에요."

"우리 남편이 이제야 향시에 합격하여 과거 시험을 보러 서울로 올라가게 되었답니다. 그래서 조촐한 술상을 마련하여 전별 잔치를 베푸는 중이랍니다."

그러고 나서 삼의당은 방문을 열고 큰소리로 아이 종을 불러 말했다.

"애야, 이리 오너라! 멀리서 귀한 손님들이 찾아왔으니, 마을 앞 주막에 가서 술을 좀 사오너라. 흘리지 않도록 조심히 들고 오너라."

"예, 마님!"

천생연분

자리에 앉은 정 교수는 시간을 거슬러 찾아온 연유를 짧게 말한 뒤,

우선 두 사람의 결혼 이야기부터 물어보았다.

"듣기에 두 분은 생년월일도 같고 한동네에서 태어났다고요? 참으로 기막힌 인연이 아닐 수 없습니다."

그러자 삼의당이 매우 자랑스러운 표정으로 대답했다.

"예. 우리는 같은 해, 같은 달, 같은 날인 을축년(1769) 10월 13일에 태어났고, 같은 고을, 같은 마을인 남원 서봉방에서 태어나고 자랐지요. 정말 고금에 드문 일이요, 하늘이 정해 주신 배필이었어요. 그래서 사람들도 모두 천생연분이라며 축하해 주었고요."

"그럼 두 분은 결혼도 아무런 문제없이 순조롭게 했겠네요? 첫날밤에도 오랜 연인들처럼 한없이 즐겁고 행복하기만 했고요?"

"예, 그래요. 남편의 집안은 비록 가난하나 대대로 문학으로 이름이 나 있었습니다. 남편은 아들 여섯 중 셋째였는데, 풍채가 준수하고 재주도 많았어요. 하여 부모님이 찾아가서 볼 때마다 아주 기특하게 여기셨답니다.

우린 열여덟 살인 병오년(1786) 봄에 중매쟁이를 통해 정혼하고 혼례를 올리게 되었습니다. 결혼 첫날밤, 우린 서로 시를 주고받으며 은근히 사랑을 나누었습니다. 먼저 남편이 연달아 시 2수를 지어 읊었는데, 천생연분을 만난 걸 좋아하면서도 은근히 나를 훈계하는 시였어요."

열여덟 새신랑 열여덟 새색시
동방화촉 밝히니 좋고도 좋은 인연
같은 해와 달에 태어나고 살기도 같은 동네
이 밤의 우리 만남 어찌 우연이리

부부의 만남에서 백성이 생겨나고
군자도 여기에서 시작된다 하오
공경하고 순종함이 아내의 도리
몸이 다하도록 낭군의 뜻 어기지 말기를

"그리하여 나도 남편과 똑같이 연달아 시 2수를 지어 읊어 주었어요. 역시 하늘이 정해 준 인연을 만난 걸 좋아하면서도 앞으로 남편 노릇을 잘하기를 당부하는 시였지요."

우리 둘이 만났으니 광한루 신선
이 밤의 만남은 옛 인연을 이음이라
배필은 본디 하늘의 정함이니
세상의 중매란 다 부질없네

부부의 도리는 인륜의 시작이니
온갖 복이 여기에서 비롯된다오
시경의 〈도요〉 편을 다시금 살펴보니
온 집안의 화목함이 당신 손에 달렸소.

"결혼 첫날밤부터 부부가 서로 시를 주고받으며 사랑을 나누다니 정말 아름답고 행복한 광경입니다. 그러면서 은근슬쩍 서로에게 바라는 것도 얘기하고요."

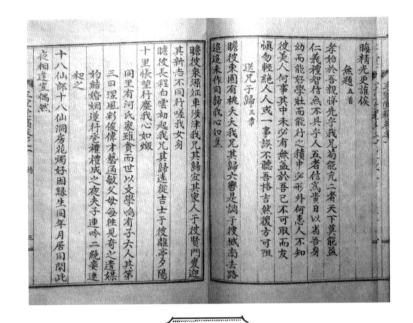

김삼의당이 혼례 날 읊은 시

《삼의당김부인유고三宜堂金夫人遺稿》, 1786, 국립중앙도서관. 삼의당 부부는 한동네에서 같은 해 같은 날짜에 태어난 그야말로 천생연분이었다.

신혼의 꿈은 사라지고

정 교수와 삼의당이 한창 즐겁게 결혼 이야기를 나누고 있는데, 남편 하욱이 갑자기 인상을 찌푸리며 볼멘소리로 말하였다.

"모르시는 말씀! 아내는 비록 겉은 어질고 부드러우나, 속은 아주 모질고 독한 사람이외다. 결혼 첫날밤에도 아까 그 시를 주고받자마자, 내게 이리 매몰차게 말하더군요.

'남편이 되었으면 마땅히 남편의 도리를 다해야 하고, 아내가 되었으면 마땅히 아내의 도리를 다해야 하니, 부부의 도리가 어찌 한낱 부창부수夫唱婦隨만을 일컫겠습니까? 남편은 바깥사람으로서 임금을 섬기는 데 반드시 충성을 다하고, 아내는 안사람으로서 부모를 모시는 데 효성을 다해야 합니다. 당신은 밖에서 부지런히 공부하여 요순 같은 우리 임금님을 보좌하고, 나는 집에서 늙으신 부모님 모시는 일을 맡아 하면, 아름답고 화목하여 여느 부부와는 같지 않을 것입니다. 세상의 남편 된 자는 사랑에만 빠져 의리를 돌보지 않으며 아내 된 자는 정에 지나쳐 분별을 알지 못하니, 이것이 바로 어리석은 남편에 어리석은 아내라는 것이며, 나는 이런 걸 매우 부끄럽게 여깁니다.'

이것이 어찌 결혼 첫날밤부터 해야 할 소리겠습니까? 난 그 얘기를 듣자마자 온몸에 찬물을 끼얹은 듯한 기분이 들었습니다."

그러자 삼의당이 꾸중하는 듯한 어투로 말하였다.

"그게 뭐가 잘못되었다는 겁니까? 하씨 집안의 조상 중에는 영의정을 지낸 분도 있었으나, 7대조가 홍문관 교리를 지낸 뒤로는 벼슬길이 뚝 끊기고 말았습니다. 게다가 증조부께서 세거지인 경기도 안산에서 전라도 남원으로 낙향한 뒤로는 거의 시골양반이 되었고요. 고로 하씨 집안이 평민으로 몰락하지 않고 양반을 유지하기 위해서는 누군가 다시 벼슬길에 올라야만 했습니다. 그나마 당신은 어려서부터 명민해서 온 집안 식구들이 과거 급제에 희망을 걸고 있었잖아요. 그래서 집안일은 모두 내가 책임질 테니, 당신은 부지런히 공부해서 꼭 과거에 급제하라고 당부했던 것입니다. 그걸 두고 매몰차다고 말하다니 어찌 서운하지 않겠습니까?"

그럼에도 하욱은 여전히 불만스런 표정으로 말하였다.

"그게 다가 아니외다. 신혼의 꿈이 채 가시기도 전에 아내는 내게 이런 말을 하면서 산사山寺로 올라가 공부하라고 했답니다.

'학문이란 조용함을 필요로 합니다. 조용한 이후에야 마음이 가라앉고, 마음이 가라앉은 이후에야 공부에 전념하게 되는 법이지요. 시골에 있는 서당이나 마을의 글방은 마음을 가라앉힐 수 있는 곳이 못 되고, 야외나 성의 남쪽도 공부에 전념할 만한 곳이 못 됩니다. 고로 옛사람들은 조용한 장소를 골라 공부하는 사람들이 많았으니, 중국 당나라 시인 백낙천은 향두를 찾았고, 시인 이태백은 광려를 찾아갔던 것입니다.

지금 덕밀암은 교산의 양쪽 봉우리 사이에 자리 잡고 있으니 경치가 맑고 조용하며, 집은 깨끗하고 고요하여 노는 사람들이 올라오지 않는 곳입니다. 그러니 마음을 가라앉히기에 그보다 더 좋은 곳이 없고 공부에 전념할 만한 땅으로 그보다 편안한 곳이 없지요. 당신은 책상자를 지고 그곳으로 올라가 백낙천과 이태백의 뜻을 본받기를 바랍니다. 그렇게 한다면 당신의 재주로 머지않아 반드시 과거에 급제할 것이니 부지런히 힘쓰길 바랍니다.'

이리하여 우린 신혼 때부터 생이별을 하고 별거 생활을 해야 했답니다."

〈길 떠나는 선비〉

성협, 《성협풍속화첩成夾風俗畵帖》, 19세기, 국립중앙박물관. 삼의당은 신혼의 꿈이 가시기도 전에 남편을 한양으로 올려 보내 과거 시험을 보게 했다.

남편을 서울로 보내다

하욱은 그동안 삼의당에게 쌓인 게 꽤나 많은 모양이었다. 중간에 누군가 끼어들 틈도 주지 않고 또다시 하소연하는 어투로 말하였다.

"어디 그뿐인 줄 아십니까? 20세 무렵, 아내는 내가 산사에서 공부하는 것도 성에 차지 않았는지, 하루는 나보고 무작정 한양으로 올라가라고 했습니다.

'사람의 마음이란 처음에는 부지런히 하다가도 나중에는 게을러지기 쉬운 법인데, 당신도 혹시 그렇지 않을까 걱정됩니다. 지금 하씨 집안에는 조정에서 벼슬하는 이가 드물고 학교에 들어가 공부하는 사람도 드뭅니다. 이는 후손이 번성하지 않아서 그런 것입니까? 아니면 살림이 기울어져서 그런 것입니까? 호남과 영남 사이에 하씨가 있다는 것은 알아도 하씨 집안의 명성은 들어 보지 못했으니, 후손된 자로서 그 누가 슬퍼하며 눈물을 흘리지 않을 수 있겠습니까? 게다가 늙으신 부모님이 돌아가실 날이 가까웠는데도 아직까지 기쁜 표정을 지을 경사를 맞이하지 못했으니 자식 된 자로서 더욱 어떻겠습니까?

음식을 마련해서 끼니를 챙겨 드리는 일은 제가 맡아서 할 것이니, 당신은 밖에서 빨리 과거에 급제하여 부모님을 영화롭게 해 드리세요. 당신의 나이 지금 스무 살이고 신체도 건강하니, 지금이야말로 힘을 내고 뜻을 가다듬을 때입니다. 따뜻하게 입고 배불리 먹고 편안히 지내면서 졸장부처럼 살아서야 되겠습니까?

우리처럼 금슬이 좋고 정겹게 지내던 부부도 자칫 잘못하면 헤어지게 되니, 나 같은 아녀자의 마음이야 어찌 이별의 회한이 없겠습니까? 다만 바라는 마음이 있기 때문에 당신을 천 리 밖으로 보내고 가슴속으로만 간절히 그리워하는 것입니다. 삼가 바라건대 신혼의 정 때문에 마음을 어지럽게 하지 말고 꼭 부모님 생전에 과거에 급제하기를 바랍니다.'

아내는 이렇게 신혼 초부터 나에게 과거에 급제하기만을 종용했습니다."

급기야 삼의당은 답답한 마음을 참지 못하고 눈물을 흘리면서 말하였다.

"남의 속도 모르고 그렇게 말하다니 정말 너무하군요. 어떻게든 벼슬길에 나아가 늙으신 부모님을 기쁘게 해 드리고 싶어서 그런 것이었다고요. 그리고 남편을 한양으로 보내고 날마다 그리워하며 눈물을 흘리는 내 처지는 한 번이라도 생각해 봤나요? 그때 나는 한양에 있는 당신을 생각하며 여러 편의 시를 썼는데, 그중에서 두 편만 읊어 줄게요."

한양에 있는 남편에게(1)

여자의 여린 마음 상하기 쉬워
생각이 날 때마다 시를 읊조린다오
대장부 바깥일에 몸 바침이 마땅하니
머리 돌려 안방 생각은 아예 하지 마소서

한양에 있는 남편에게(2)

님 그리는 괴로움이여 님 그리는 괴로움이여

닭이 세 번 우니 날이 밝아 오네

밤잠 못 이루며 원앙금침을 대하니

눈물이 비 오는 듯하네 눈물이 비 오는 듯하네.

"이런 내 입장은 생각지도 않고 나를 마치 남편의 출세에만 눈이 먼 아내처럼 여기니 정말 너무 하군요!"

말을 마친 삼의당은 옷소매로 얼굴을 가리고 계속 눈물을 흘렸다. 보다 못한 이 기자가 길게 한숨을 내쉬며 삼의당에게 물었다.

"휴! 그럼, 한양에 간 남편은 열심히 공부해서 과거에 급제했나요?"

"아뇨. 시골 출신에다 변변한 스승이나 인맥조차 없는 사람이 어디 쉽게 과거에 급제할 수 있겠습니까? 남편은 연거푸 낙방했죠. 첫 번째 과거에 낙방하고 집으로 돌아왔을 때, 그래도 나는 이렇게 위로해 주었어요.

'부귀란 하늘에 달린 일이어서 과거는 단번에 붙을 수 없습니다. 궁하고 달한 것은 다 때가 있으니, 오랫동안 뜻을 둔 일을 어찌 한 번에 끝낼 수 있겠습니까? 뜻이 있는 사람은 마침내 그 일을 이룰 것이니, 더욱 열심히 공부해서 다시 과거에 응시하세요.'

이후 두 번째 과거에서도 낙방했다는 소식이 들려왔어요. 그래서 나는 또다시 편지를 써서 옷과 함께 한양으로 보내 남편을 위로했답니다."

〈소과응시小科應試〉 부분

작자 미상, 〈평생도平生圖〉, 19세기, 국립중앙박물관. 시골 출신에다 변변한 스승이나 인맥
조차 없는 남편 하욱이 과거에 급제하기란 애초부터 불가능한 일이었을 것이다.

심부름하는 아이를 시켜 과거 시험장의 소식을 물어보게 했더니, 당신이 이번에도 또 낙방한 것을 알았습니다. 당신도 고생이 많았겠지요? 나는 앞으로도 힘껏 뒷바라지하겠습니다. 작년에는 머리카락을 잘라 양식을 마련했고, 올봄에는 비녀를 팔아 여비를 마련했습니다. 내 몸의 장신구들이 다 없어진다 한들 당신의 과거 공부에 드는 비용을 어찌 모자라게 할 수 있겠습니까? 듣자하니 가을에 또 경시慶試(국가의 경사가 있어 임시로 보는 과거 시험)가 있다 하니 내려오지 못하겠지요. 마침 소식을 전할 일이 있어 편지를 써서 웃옷과 함께 보냅니다.

"이후로도 남편은 번번이 과거에 낙방했어요. 나는 아쉬웠지만 가난을 견디며 꿋꿋하게 남편을 뒷바라지했습니다."

자연을 벗 삼아 만족하며 살다

바로 그때 문밖에서 아이 종이 술을 사 왔다고 아뢰니, 삼의당이 방문을 열고 나가 보고는 큰소리로 꾸짖었다.

"이놈아! 심부름을 시킨 지가 언젠데 왜 이제야 오는 게야."

"마님께서 술을 흘리지 않도록 조심히 들고 오라고 하셨잖아요. 그래서 조금 늦었구만요!"

"알겠다! 가서 하던 일이나 계속하거라!"

그러고 나서 삼의당은 술병을 받아 와 정 교수와 이 기자에게 차례대로 한 잔씩 따라 주었다.

얼마 후 이 기자가 두 사람의 처지가 못내 안타까웠는지 술을 마시다 말고 갑자기 혀를 차며 말했다.

"쯧쯧쯧! 그만하면 이제 과거를 포기할 때도 되지 않았을까요? 집안 형편도 날이 갈수록 어려워지는데……."

그러자 삼의당은 할 말이 없는지 침묵하고, 하욱이 무겁게 입을 열어 대답했다.

"예, 맞습니다. 시골 양반으로서 과거를 통해 입신하기란 어차피 가망 없는 일이었지요. 그래서 하루는 내가 아내에게 말했죠.

'난 글공부에 재주가 없어 과거에 급제하여 부모님을 영화롭게 해드릴 길이 막히고 말았소. 또 집안이 가난하여 성문 밖에 한 이랑의 땅도 갖고 있지 않소. 농사를 짓고 싶어도 땅이 없고 부모님을 봉양하고 싶어도 별도리가 없으니 이를 어찌하면 좋겠소? 내가 들으니 북쪽 내동산 아래에는 땅이 넓고 농토도 넉넉하다 하니, 그곳에 가서 농사를 짓는다면 부모님을 봉양하는 데 걱정이 없을 듯하오. 나는 이미 마음속으로 정했으니 당신도 같이 가겠소?'

그러자 아내가 대답하더군요.

'당신의 말이 이치에 합당한데, 어찌 하루라도 빨리 그곳으로 가서 일을 시작하지 않겠습니까?'

그래서 서른세 살인 신유년(1801)에 이곳 진안 마령의 방화리로 이사를 왔던 것입니다. 또 이듬해에는 새로 집을 지었는데, 주변에는 나무들이 둘러 있고 뜰에는 꽃들이 가득했죠."

"그럼, 이곳으로 이사한 후에는 어떻게 살았나요? 산속에서 별로 할 일도 없었을 텐데요?"

"산기슭에 있는 몇 이랑의 밭을 사서 열심히 농사를 지었습니다. 아내가 그 모습을 두고 여러 편의 시를 지었는데, 그중 몇 편을 내가 대신 읊어 드리지요."

농사 노래

들판에 해 떠오르니
천지가 모두 푸른빛일세
도롱이 쓰고 나가 잡초 뽑으니
좋은 곡식 조금씩 잘도 자라네
그대 싹은 한 자가 못 되어도
내 싹은 넓기가 손바닥일세
싹들이 고르게 자라지 않은 게 아니라
공들이지 않음이니 게으르지 마소서

한낮이 지나니 햇빛 따가워
등짝에 흐른 땀이 땅을 적시네
긴 이랑에 빽빽한 잡초를 뽑노라니
아녀자들 새참을 내오네
보리밥 기장밥에 국은 맛있어
숟가락에 밥을 떠서 배를 채우네
배가 차니 부른 배 두드리며 노래하고
배불리 먹으려면 애써서 일해야 하는 법이라네

날이 저물어 가니

농부들 집으로 돌아가네

잠시나마 다리를 펴고 있자니

사방에서 다투어 닭 울음 우네

닭 울음소리 듣자마자 도롱이 쓰니

일 년 삼백예순 날 동안

일 없이 쉬는 날이 얼마나 될까

해 뜨면 일 나가고 해지면 쉬니

세상살이 그것으로 족하네

"농사일은 힘들었지만 마음은 무척 편했습니다. 세상 사는 데 이보다 큰 행복이 어디 있겠습니까?"

"예. 비록 과거 급제의 꿈은 이루지 못했지만, 농사를 지으며 마음 편히 살 수 있게 되어 천만다행인 듯합니다. 비로소 천생연분에 걸맞은 부부생활을 하게 되었군요."

하지만 이번엔 삼익당이 고개를 가로로 저으며 강한 어조로 빈박했다.

"그렇지는 않습니다. 이곳으로 이사 온 뒤로도 우리는 숱한 어려움을 겪어야 했습니다. 계해년(1803) 봄에는 큰딸이 열여덟 살의 나이로 요절했습니다. 본래 우리 집엔 심부름하는 아이조차 없어 그 딸이 밥 짓고 빨래하고 길쌈하는 등 온갖 집안일을 도맡아 했는데, 안타깝게도 전염병에 걸려 죽고 말았습니다.

또 이듬해인 갑자년(1804) 3월에는 시아버지 상을 당했으나 집이 가난하여 장례를 치를 돈조차 없었습니다. 그래서 남의 돈을 빚내어 겨우 장례를 치렀지요. 허나 기일이 지나도 그 돈을 갚지 못하니, 빚쟁이들이 날마다 대문 앞을 지키고 있었습니다. 다행히 남편이 돈을 구하려고 영남 땅으로 가다가 가야산에서 인삼 몇 뿌리를 얻어 그 빚을 겨우 갚았습니다.

천만다행으로 올해인 경오년(1810) 9월에는 남편이 지방의 과거에 합격하여, 오늘 또다시 한양으로 과거를 보러 가게 되었답니다. 그리하여 지금 이리 간단한 전별잔치를 베푸는 중입니다."

"드디어 고생 끝에 낙이 오려나 봅니다! 근데, 두 분께선 왜 그렇게 평생 과거 급제에 집착하시는지요? 무슨 특별한 사연이라도 있으신 건가요?"

"그야 당연하지 않겠습니까. 과거에 급제하지 못하면 집안이 평민으로 전락할 수 있고, 그럼 해마다 관가에 세금이나 부역을 납부해야 하거든요. 또 향촌 사회의 지도자로서도 행세할 수 없고요. 한마디로 집안이 망한다는 얘기지요."

또다시 과거를 보러 가다

그들의 이야기가 거의 끝나갈 무렵, 문밖에서 아까 그 아이 종의 목소리가 또다시 들려왔다.

"나리, 어서 나오십시오! 길 떠날 준비가 다 되었습니다요."

"오냐, 알았다."

그들이 자리에서 일어나 밖으로 나가 보니, 아이 종이 마당에서 안장을 얹은 조랑말의 고삐를 잡고 서서 기다리고 있었다.

하욱은 아무런 말도 없이 조랑말을 타고 대문 밖으로 나갔다. 삼의당도 그를 뒤따라가며 조용히 시 한 수를 읊었는데, 이 시가 바로 그녀의 문집에 실린 마지막 작품이었다.

남아의 뜻 이루기가 어찌 이리 더딘고
마흔 살에 귀밑머리 세어지는데
또다시 웃으면서 한양으로 가네
올 적에는 부디 실망시킬 일 하지 마시오

두 사람도 그 길로 곧장 현대로 돌아왔는데, 도중 이 기자가 정 교수에게 물었다.

"교수님, 하욱은 이번 과거엔 급제했나요?"

"아니요. 하욱은 끝내 과거에 급제하지 못했습니다."

"그럼 어떡해요? 그러다가 영영 평민으로 전락하기라도 한다면……."

"하하하, 걱정 마세요! 삼의당은 양반 신분을 계속 유지하기 위해 집안사람들을 더욱 유교적 인물, 특히 효자로 만들었습니다. 그래서 주변의 향촌 양반들이 하욱의 형제들을 효자로 관아에 추천하기도 했습니다. 조선 후기엔 집안에서 열녀나 효자가 나오면 그나마 양반 신분을 유지할 수 있었거든요"

마지막으로 이 기자는 쓸쓸한 표정으로 말하였다.

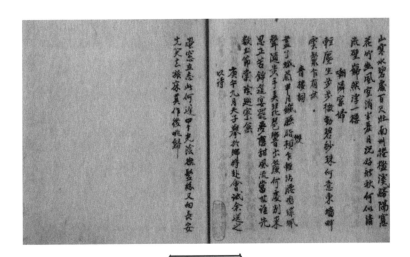

김삼의당의 마지막 시

《삼의당고三宜堂稿》, 1810, 한국학중앙연구원 장서각. 하욱은 끝내 과거에 급제하지 못했으나, 삼의당의 노력으로 겨우 양반 신분을 유지할 수 있었다.

"교수님, 천생연분이란 것도 결국 인생이란 가혹한 현실 앞에선 어쩔 수 없나 봐요?"

"그럼요. 천생연분은 단지 하늘이 맺어 준 인연일 뿐, 그것을 일구어 행복하게 사는 건 결국 우리 인간들의 몫이죠. 신은 모든 인간에게 공평한 법이요, 이 세상 그 어디에도 공짜는 없는 법이거든요. 하하하!"

유광연 ⊙ 강정일당

아내는 나의 멘토였다

나이 서른에 공부를 시작하니
학문의 방향을 종잡을 수 없네.
이제부터라도 모름지기 노력하면
아마도 옛 성인과 같아지리라.

진짜 멋있는 남편은?

"이 기자님, 진짜 멋있는 남편은 어떤 사람이라고 생각하세요?"

"글쎄요. 외모가 준수하고 잘생긴 남편? 아님 마음이 순수하고 따뜻한 남편? 그렇지 않으면 아내에게 친절하고 가정적인 남편……?"

"물론 그럴 수도 있죠. 허나 진짜 멋있는 남편은 자신보다 뛰어난 아내를 만났을 때 그것을 빨리 인정하고 고개를 숙일 줄 아는 이가 아닐까요. 부부가 살다 보면 아내가 남편보다 뛰어난 경우가 의외로 많습니다. 그런데 한국 남자들은 남존여비라든가 여필종부, 현모양처 같은 왜곡된 권위 의식에 사로잡혀서 그런지, 아내가 자기보다 뛰어나면 쉽게 인정하지 않으려 합니다. 그걸 인정하면 남자의 자존심은 곤두박질치고 죽을 때까지 아내에게 잡혀 살 것이라고 생각하기 때문이죠. 특히 혈기 왕성한 젊은 남편일수록 더욱 그러한데, 그래서 평소 억지를 부리는 경우가 많아 아내와 자주 다투게 되는 겁니다.

그런데 조선 후기에 아내의 뛰어남을 일찌감치 인정하고 서로 더불어 살면서 이른바 '양성평등 부부상'을 실현한 남편이 있었습니다. 바로 강정일당의 남편 윤광연이었지요. 그는 자신보다 연상이요, 능력이 뛰어났던 아내의 조언을 기꺼이 받아들였을 뿐 아니라 심지어 아내를 스승처럼 여기며 살아갔습니다. 더 나아가 아내가 죽어서는 그 뛰어난 업적들이 사라질까 두려워 문집까지 편찬해 주었고요. 오늘은 바로 이러한 강정일당과 윤광연 부부를 만나러 가는 길입니다."

다시 정 교수는 강정일당과 윤광연에 대해 간략히 소개해 주었다.

"강정일당은 영조 48년(1772) 충북 제천에 있는 외가에서 태어났습니다. 진주강씨로, 강희맹의 후손이었죠. 그녀의 집안은 매우 유명한 가문이었으나 할아버지와 아버지가 단명하여 벼슬하지 못한 탓에 겨우 양반 신분만 유지하고 있었습니다. 특히 그녀는 나이 열여섯에 아버지를 여윈 뒤로는 어려운 집안 형편 탓에 어머니를 따라 바느질을 하고 베를 짜야만 했습니다. 정일당은 밤새도록 자지 않고 바느질을 했는데, 이를 안타깝게 여긴 어머니가 조금 쉬라고 하면 전혀 피로하지 않고 잠도 오지 않는다고 하면서 어머니를 안심시켰습니다. 그녀는 대단히 효성스런 딸이었던 것이지요.

정일당은 스무 살 때 충주의 신비 탄재 윤광연과 결혼했습니다. 당시 그의 나이는 열네 살로, 정일당보다 여섯 살이나 연하였죠. 그의 아버지는 선비 윤동엽이었고, 어머니는 호가 지일당으로 시문으로 이름이 나 있었습니다. 시댁 역시 명문가의 후예였으나, 근래에는 벼슬하지 못하여 가정 형편이 아주 곤궁했습니다. 그래서 정일당은 친정에서 계속 머물다가, 3년 뒤 시아버지가 돌아가시자 짐을 꾸려 시댁으로 들어갔습니다.

이후에도 가난은 더욱 심해져 그녀의 나이 스물일곱 살인 1798년엔 고향 충주를 떠나 경기도 과천에서 남의 집을 빌려 살아야 했습니다. 당시 과천은 낮에도 호랑이와 표범이 울부짖고, 인적 없는 밤에는 도깨비들이 울어댈 정도로 황량한 곳이었죠.

서른여덟 살엔 시어머니가 돌아가시고, 마흔셋엔 남대문 밖 약현(지금의 서울 중구 중림동)에 '탄원坦園'이란 정원이 딸린 집을 장만하게 되었습니다. 정일당은 삯바느질을 계속하고, 윤광연은 서당을 열어 아이들을 가르치면서 조금씩 재산을 모아갔습니다. 이처럼 각고의 노력 끝에 만년에는 청계산 동쪽의 산을 사서 조상들의 묘소를 이장했습니다. 또 형제와 친척들의 혼례나 상례를 대신 치러 주기도 했고요.

정일당은 평생 5남 4녀를 낳았으나, 불행하게도 모두 한 살이 되기 전에 죽어 자식들을 하나도 제대로 키우지 못했습니다. 그래서 문중의 흠규를 양자로 들여 후사를 잇도록 했습니다.

만년에 정일당은 병으로 신음하다가 순조 32년(1832) 9월 14일에 예순한 살의 나이로 세상을 떠났습니다. 공교롭게도 남편 윤광연 역시 아내의 문집을 편찬한 후 헌종 4년(1838)에 예순한 살의 나이로 세상을 떠났습니다.”

정 교수의 얘기가 끝나자 이 기자가 고개를 끄덕이며 말하였다.

“음, 정일당과 윤광연은 비록 양반가에서 태어났으나 가난하여 평생 직접 일을 해야만 했던 전형적인 몰락 양반이었군요. 그나마 조금씩 재산을 모아 만년에야 겨우 경제적 여유를 찾았고요.”

아내의 문집을 간행하다

이윽고 두 사람은 정일당이 죽은 지 4년 후인 1836년 9월 서울 남대문 밖 약현에 있는 윤광연의 집에 도착했다. 제법 넓은 정원이 있는 집이었는데, 언뜻 보니 안채와 중문, 서당으로 이루어져 있었다.

서당에선 열대여섯 명의 학동들이 큰소리로 책을 읽거나 이리저리 뛰어다니며 장난을 치고 있었다. 그런데 정작 훈장인 윤광연의 모습은 보이지 않았다. 정 교수는 그중 나이가 많아 보이는 한 학동을 불러 물었다.

"얘야, 훈장님 어디 가셨니?"

"밖에 나가셨는데요. 요즘 우리 훈장님께선 뭐가 그리 바쁘신지 서당에 계실 때가 별로 없어요."

두 사람은 어쩔 수 없이 정원을 구경하며 윤광연이 오기만을 기다려야 했다. 거의 한나절이 지나고 이 기자의 얼굴이 조금씩 일그러져 갈 무렵, 흰 수염에 등이 약간 굽은 60대의 윤광연이 대문을 열고 안으로 들어왔다. 정 교수가 다가가 인사한 후 조선시대 사람들의 부부 사랑을 들으러 왔다고 하자, 윤광연이 반갑게 맞이하며 말하였다.

"아주 잘 오셨네. 조선 팔도에서 '부부애'라 하면 우리 부부 같은 이가 또 어디 있겠나? 여긴 학동들 때문에 주위가 시끄러우니 안채로 들어가세."

두 사람이 윤광연을 따라 안채로 들어가니, 방 안에는 정일당이 쓰던 물건인 듯한 바느질 도구라던가 서책, 문방사우 등이 그대로 놓여 있었다.

윤광연은 자리에 앉자마자 품속에서 책 한 권을 꺼내더니 두 사람 앞에 놓으며 자랑스럽게 말했다.

"이제야 부인 강정일당의 문집이 완성되었다네. 부인이 세상을 떠난 지 4년 만에 완성한 게야."

정 교수가 받아서 살펴보니, 표지에는 '정일당유고靜一堂遺稿'라 쓰여 있고, 안에는 시 38편, 서간문(편지) 7편, 쪽지 편지 82편, 서간별지 2편, 기문 3편, 제발 2편, 묘지명 3편, 행장 3편, 제문 3편, 명문 5편, 잡저 2편이 수록되어 있었다. 그 밖에 다른 사람들이 써 준 서문, 행장, 묘지명, 만장, 후기, 발문 등이 앞뒤로 첨부되어 있었다.

정 교수는 새삼스럽게 깊이 감탄하며 물었다.

"대체 이걸 어떻게 만들었습니까? 정일당의 글들은 어떻게 모았고, 또 다른 사람들의 글은 어떻게 받았고요?"

"음, 간단히 설명해 주겠네. 우선 상자나 벽장에 들어 있는 정일당의 글들을 모아 정리해서 문집을 간행했다네. 그와 함께 주변의 이름난 문사들을 찾아다니며 그것을 보여 주고 서문이나 행장, 묘지명, 발문 등을 써 달라고 부탁했지. 그럼 정일당의 문집이 더욱 빛날뿐더러 많은 이들로부터 공인을 받을 수 있지 않겠나.

내가 지인들을 찾아가 글을 써 달라고 부탁하는 모습은 《정일당유고》의 서문에 잘 나타나 있다네. 이 서문은 전 사간원 대사간을 지낸 윤제홍이 써 준 것인데, 그중 핵심적인 부분만을 잠시 읽어 주겠네."

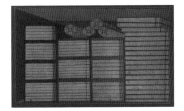

나의 친척인 윤광연은 젊은 시절에 호탕한 기상을 좋아하여 행실에 문제기 없지 않았다. 그러나 20내 이후부터는 차츰 정도를 걷기 시작했고, 드디어 송치규 선생의 문하에 들어가 힘껏 학문을 익히고 힘써 실천하였다. 근래에 궁핍함이 심해지고 또 아내까지 잃게 되니, 신세가 매우 처량하여 견디기 어려울 지경이었다. 하지만 오히려 더욱 분발해 처음의 뜻을 지키니 내가 더욱 기특하게 여겼다. 어느 날 문득 내게 찾아와 소매 자락에서 작은 책자를 내놓는데, 제목을 《정일당유고》라고 하였다. 그리고는 흐느끼면서 말하는 것이었다.

"이것은 저의 죽은 아내가 지은 시문으로써 비단 상자 안에 들어 있던 것을 정리한 것입니다. 아내는 일찍이 시문詩文은 부녀자들이 할 일이 아니라고 여겨 한 번도 남 앞에 내놓지 않았습니다. 아내의 뜻을 결코 손상하고 싶지 않지만, 또한 이 책을 영구히 없어지게 내버려 둘 수는 없습니다. 시를 지은 것은 매우 적지만, 모두가 배우는 자들을 경계하는 말이었습니다. 문장은 화려함이나 수식은 없었지만, 심신 수양에 절실하지 않은 것이 없었습니다. 학문을 논함에는 성실과 공경을 위주로 하였고, 공부를 논함에는 격물치지와 도덕 실천에 역짐을 두어 조목조목 경전의 뜻에 들어맞았습니다. 아내는 평소 길쌈하는 사이에도 옛 경전에 잠심潛心하여 반드시 오묘한 깨달음이 있었던 듯합니다. 그 수양의 깊이와 식견의 정도는 남편인 저도 다 알 수 없었습니다. 그렇지만 나로 하여금 나쁜 기질을 변화시키고, 좋은 스승을 따르고 좋은 친구를 사귀게 하여 큰 죄와 허물을 면할 수 있게 한 것은 모두 아내 덕분이었습니다."

나는 놀라운 마음으로 그 말을 들으면서, 처음에는 손뼉을 치고 탄식하다가 마침내는 무릎을 모으고 공경히 앉아 말하였다.

"아, 내가 그대를 중히 여기고 기특히 여긴 데는 그만한 까닭이 있었도다. 바로 그대의 부인이 경계하는 말과 평소의 조언 때문이었다. 이야말로 특이한 일이 아니겠는가!"

"허나 꼭 받고 싶었던 글은 스승 송치규의 발문이었다네. 그럼 이 문집의 권위가 훨씬 더 높아지기 때문이지. 거의 매일 같이 찾아다니며 간곡히 청했는데, 드디어 오늘에야 발문을 받아 정일당의 문집을 완성할 수 있게 되었다네. 이 어찌 기쁘고 영광스럽지 않겠는가? 우리 스승님께서 써 주신 발문도 내가 대신 읽어 주겠네."

아아, 이《정일당유고》는 윤광연의 아내 강정일당이 저술한 것이다. 예로부터 여성 학자라고 칭하는 사람들이 많기는 하지만, 정일당도 여성의 직분을 다하면서 성현의 경전에 침잠하여 유교의 바른길을 걸었다.
정일당과 같은 사람은 내 일찍이 들어 보지 못했다. 하물며 평생을 가난과 질병으로 보냈으니, 실로 사람으로서 감당할 수 없는 것이었다. 그녀가 지은 편지는 모두 남편을 권면하고 분발시키고자 한 것으로, 온유한 가운데 더욱 바르고 곧아서 읽는 사람으로 하여금 자신도 모르게 숙연하게 하였다. 윤광연은 훌륭한 스승과 붕우를 어찌 다른 데서 구하겠는가! 이 때문에 그는 상처한 지 이미 몇 년이 지났으나 비통해 마지않았던 것이다. 그가 아내의 문집을 꺼내어 보여 주면서 "이것을 차마 민멸시킬 수 없어 활자로 인출코자 하니, 원컨대 한 말씀만 주셔서 권위를 더해 주십시오" 하였다. 나는 진실로 그럴 만한 위인이 되지 못하고, 늙고 병들고 죽을 지경이 되어 붓을 놓은 지가 오래되었다. 허나 홍직필이 그녀를 위해 묘지명을 지어 준 것이 매우 상세하였다. 그것을 문집의 부록으로 부쳤으니, 내가 무슨 쓸모 없는 말을 더하겠는가.

정일당은 진주강씨의 큰 문벌로 내외족이 대대로 덕을 쌓았다. 그 집안에서 정일당이 태어난 것은 지극히 당연한 것이었다. 여성으로서 성인이 되기를 기약하고 노력했으니, 대장부로 뜻을 세우지 못한 자들에게 부끄러움을 줄 만하였다. 이 유고를 간행한 것은 정일당의 본래 뜻이 아니겠지만, 그렇다고 어찌 그만둘 수 있겠는가!

다만 정일당은 자식을 많이 낳고도 기르지 못했으니, 그 일을 이어갈 사람이 없다. 가히 비통할 따름이다. 윤광연은 늙었다고 좌절하지 말고 학문과 덕행에 힘써 나아간다면, 지하에 있는 혼령에게 어찌 위로되지 않겠는가. 이것이 유고를 간행하는 것보다 더욱 클 것이다. 모름지기 힘쓰길 바란다.

"어떤가? 참으로 훌륭한 말씀이지 않은가?"

"예, 덕분에《정일당유고》의 위상이 한층 더 올라간 듯합니다. 정일당의 문집을 완성한 걸 진심으로 축하드립니다."

정 교수의 질문이 끝나자, 이 기자가 다시 걱정스런 표정으로 윤광연에게 물었다.

"조선 후기엔 여자들이 글을 지어 밖으로 내보내는 건 옳지 못한 일로 여겼잖아요. 그런데도 선생께선 부인의 문집을 주변 사람들에게 보여 주며 글을 부탁했는데, 혹시 남의 비난이나 빈축을 사지는 않았나요?"

"허허허, 왜 안 그렇겠나? 일가친척들은 자식이나 노비도 없이 혼자 사는 처지에 상당한 비용을 들여 부인의 문집을 간행한다고 비난

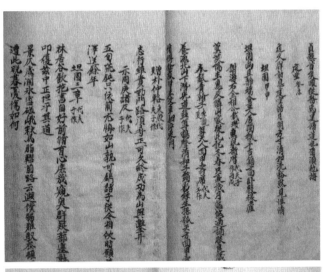

강정일당의 〈증박중로贈朴仲櫓〉와 〈만장輓章〉

《정일당유고靜一堂遺稿》, 1835, 국립중앙도서관. 윤광연은 아내 강정일당의 글들을 모아 문
집으로 간행하여 영구히 보존하는 한편, 후대 사람들의 귀감이 되도록 하고 싶었다.

하기 일쑤였고, 지인들은 '부인의 글은 감춰 둬야지 밖으로 드러낼 것이 아니네!'라고 핀잔을 주었다네."

"그럼에도 끝까지 포기하지 않고 부인의 문집을 간행하다니, 정말 특이한 분이십니다. 대체 왜 그렇게 부인의 문집을 간행코자 했나요?"

"내게 정일당은 부인이자 벗이요, 스승이었네. 그런 이의 문집을 어찌 간행하지 않을 수 있겠나? 또 정일당의 글들을 한데 모아 영구히 보존하여 후대 자손들의 귀감이 되도록 하고 싶었다네. 또 나중엔 문집을 활자로까지 인출할 계획이네."

그 대담한 생각에 두 사람은 또다시 깊이 감탄하지 않을 수 없었다.

여자도 성인이 될 수 있다!

얼마 후 정 교수가 본격적으로 강정일당의 학문에 대해 묻기 시작했다.

"그럼, 부인 정일당은 어떻게 해서 학문을 하게 되었는지요?"

"나의 책 읽는 소리를 듣고 어깨너머로 글을 배우기 시작했네. 내 나이 열일곱 살에 아버지의 상을 지낸 후에는 가세가 더욱 기울어지게 되었지. 하여 상복을 입은 채로 충청도와 경상도를 분주히 오가며 장사를 해서 생계를 도모했었네. 그런데 하루는 정일당이 내게 이리 말했다네.

'여보, 배우지 않으면 사람의 도리를 할 수가 없습니다. 정도를 버리고 생계를 도모하는 것은 학문을 하면서 빈한하게 사는 것만 못합니다. 내가 비록 재주는 없으나, 바느질과 베 짜는 것은 조금 알고 있습니다. 밤낮으로 부지런히 해서 죽이라도 끓여 주겠습니다. 그러니 당신은 집안일에 신경 쓰지 말고 성현의 책을 공부하세요.'

나는 그 말에 감동하여 사서四書와 정자, 주자의 책을 공부했네. 정일당은 구석에 앉아 바느질하며 나의 책 읽는 소리를 들었고. 그녀는 때론 글자의 획수를 묻기도 하고 때론 글자의 음과 뜻을 묻기도 했는데, 겨우 한 번 들었음에도 그것을 암송할 뿐만 아니라 깊은 뜻을 알아차렸네. 나는 놀라지 않을 수 없었고, 드디어 서로 강론하는 지경에 이르렀네. 나는 매일 같이 정일당에게 새로운 것들을 들었다네.

5~6년이 지나자 정일당이 다시 말했네.

'배워서 쓰지 아니하면 애당초 배우지 않는 것과 같습니다. 무릇 성현의 가르침은 모두 마땅히 실행할 도리가 있습니다. 허나 혼자서 학문을 익히기만 하고, 스승이나 벗과 교유하지 않으면 고루함을 면할 수가 없습니다. 당신은 스승을 찾고 벗을 사귀어 더욱 실력을 기르세요.'

나는 더욱 분발하여 스승의 문하에 나아가 가르침을 받고 여러 군자를 사귀니, 학문이 크게 발전하게 되었다네.

물론 아내도 처음엔 학문을 어떻게 할지 몰라 힘들어했는데, 그에 대한 시가 아직 남아 있네."

나이 서른에 공부를 시작하니
학문의 방향을 종잡을 수 없네.
이제부터라도 모름지기 노력하면

아마도 옛 성인과 같아지리라.

시 읊기를 마치자, 정 교수가 궁금한 표정으로 다시 물었다.

"한데 정일당은 밤낮으로 삯바느질하며 생계를 꾸리느라 여념이 없었을 텐데, 어느 틈에 학문할 수 있었을까요?"

"일하는 틈틈이 학문을 한 것일세. 삯바느질과 집안 살림을 하면서도 틈나는 대로 경전을 읽으며 그 이치를 탐구한 게지.

정일당은 학문에 대한 열정이 남달랐다네. 마치 목마른 사람이 물을 찾는 것과 같았지. 유교의 13경을 두루 읽으면서 깊이 연구하되, 밤낮으로 게을리한 적이 없었다네. 그래서 여러 경전에 두루 통하였고, 고금의 정치와 인물의 행적을 손바닥처럼 밝게 알았던 것일세.

한번은 내게 갑자기 임윤지당의 말씀을 들려주더군.

'나는 비록 부인이지만, 하늘에서 받은 성품은 애초 남녀의 차이가 없다.'

그러면서 내게 묻는 것이었네.

'비록 여자라도 큰 실천과 열정이 있다면 가히 성인의 경지에 이를 수 있지 않을까 하는데, 당신의 생각은 어떠한가요?'

한마디로 여자도 성인이 될 수 있다는 것이지."

"예, 정일당은 마음속으로 영·정조 때 여성 성리학자인 임윤지당 (1721~1793)을 사숙하고 있었던 듯합니다. 그래서인지 정일당의 한시도 애정이나 이별, 연모 등을 노래하는 것이 아닌, 학문이나 심성 수양, 도덕적 훈계, 안빈낙도 등 도학적 문제에 집중되어 있더라고요."

내 인생의 스승

"훈장님, 지금 돌쇠와 정승이가 서당에서 싸우고 있습니다!"

그들이 한창 정일당에 대한 얘기를 나누고 있을 때, 아까 그 나이 많은 학동이 안채로 뛰어들어오며 소리쳤다. 그러자 윤광연이 갑자기 안색을 붉히며 버럭 화를 냈다.

"뭣이라고? 그놈들이 또 싸운다고?"

"예, 정승이가 돌쇠한테 상놈 자식이 공부해서 뭐하느냐고 놀리면서 또다시 싸움이 붙었습니다!"

"아, 정말 답답하도다! 요즘 들어 학동들이 걸핏하면 신분 차이로 서로 싸우니, 이를 대체 어찌하면 좋단 말인가!"

윤광연은 몹시 화가 났는지 방문 앞에 세워둔 지팡이를 들고 부리나케 서당으로 나갔다. 두 사람은 그 모습을 보고 윤광연이 의외로 성질이 불같고 나약한 사람이라고 생각했다.

얼마 후 윤광연은 낙심한 표정으로 돌아와 긴 한숨을 내쉬며 혼잣말처럼 하였다.

"예전엔 정일당이 곁에 있어 이런 일도 쉽게 처리할 수 있었는데……. 아! 이젠 대체 누굴 믿고 의지하며 살아간단 말인가?"

그 말에 정 교수가 마치 기다렸다는 듯이 물었다.

"선생에게 정일당은 과연 어떤 존재였나요? 듣기에 선생께선 유난히 정일당한테 많이 의존했다고 하던데요?"

"맞네. 정일당은 나의 정신적 지주였어. 정일당은 나의 학문이나 서당 일, 일상생활 할 것 없이 모든 것의 조언자였네.

우선 앞에서처럼 정일당은 내게 '배우지 않으면 사람의 도리를 할수 없다'며 공부의 길을 열어줬을 뿐 아니라, '좋은 스승과 벗을 찾아함께 배울 필요가 있다'며 학문을 크게 발전하게 해 주었네. 또 정일당은 평소에도 내게 끊임없이 학문에 정진하여 성현이 되기를 바랐다네. 실례로 예전에 내게 보낸 두 통의 쪽지 편지를 읽어 주겠네."

저는 일개 부인으로서 몸이 규방에 갇혀 있어 듣는 것도 아는 것도 없습니다. 그래도 바느질하고 빨래하는 틈틈이 옛 경전을 읽으며 그 이치를 궁리하고 실천하여 성현들의 경지에 다가서려 하고 있습니다. 하물며 당신은 대장부로서 뜻을 세워 학문하면서 스승을 모시고 좋은 벗들과 사귀고 있으니, 부지런히 노력하여 앞으로 나아간다면 무엇을 배우든지 능하지 못하겠으며, 무엇을 강론하든지 밝지 못하겠으며, 무엇을 실천하든지 이루지 못하겠습니까? 인의를 실천하고 온당하고 바른 마음을 세우고 성현을 배운다면 누가 그것을 막을 수 있겠습니까? 성현도 대장부이고 당신도 대장부입니다. 무엇이 두려워서 하지 못하겠습니까? 부디 바라옵건대 날마다 덕을 새롭게 하고 반드시 성현이 되기를 기약하소서.

이제 시원한 바람이 부니, 바야흐로 독서에 매진할 때입니다. 바라옵건대 손님을 접대하고 일을 보는 등 부득이한 경우를 제외하고는 정신을 집중하여 독서하소서. 나도 역시 바느질하고 음식을 장만하는 여가에, 밤이 늦어 잠들 때까지 독서하며 연구할 계획입니다. 저번에 사서四書를 읽었으나, 《맹자》의 뒷부분 세 편은 아직 읽지 못했습니다. 그러나 머지않아 끝낼 것입니다.

〈서당書堂〉

〈풍속도병風俗圖屛〉, 작자 미상, 국립중앙박물관. 강정일당은 윤광연이 서당을 운영할 때 학동들을 선발하거나 훈계하고 가르치는 등 세세한 부분까지도 일러 주었다.

올해 겨울부터는 당신과 함께 《주역》을 강론하고 싶지만 손님들이 오래 머물게 되면 할 수가 없습니다. 근시일 내에 김현이란 분께 가서 《서경》을 배우며 《시경대전》과 《서경대전》을 빌려 오기 바랍니다. 홍직필이란 분이 당신에게 시를 보내왔는데, 거기에 이런 구절이 있어 사람을 놀라게 했습니다. "단경丹經을 깨우치지도 못했는데 머리는 백발이 되니, 백 년을 헛된 대장부 노릇했네." 당신도 더욱 힘써서 덕을 닦고 학문에 정진하기 바랍니다.

"이렇게 정일당은 내게 항상 뜻을 세워 학문하고 덕을 닦아 성현이 되라 말했었네."

윤광연은 계속해서 말하였다.

"정일당은 또한 내가 서당을 운영할 때 학동들을 가르치는 방법도 일러 줬네. 나는 마흔세 살에 이곳 남대문 밖 약현으로 이사한 뒤 서당을 열어 학동들을 가르쳤다네. 본래 나는 젊었을 때 부지런히 공부했으나 큰 학자가 되지는 못하고 벼슬도 하지 못했다네. 하여 정일당의 충고를 받아들여 일찍 관직을 포기하고 재야 학자로 남아 학동들을 가르치게 된 것이었네. 허나 솔직히 나는 학동들을 가르치기에도 능력이 많이 부족했는데, 그때마다 정일당이 내게 직간접적으로 많은 도움을 줬다네.

먼저 정일당은 쪽지 편지로 학동을 선발하는 기준이나 가르치는 방법에 대해 알려 줬다네.

평민의 자제 중에서도 뛰어난 아이들은 중국 고대의 하·은·주 시대에도 버리지 않았습니다. 지금 서당에서 '노귀'란 아이는 자상하고 명민하며,

'이암'은 돈독하고 후덕하며, '유철'은 효성스럽고 신중하니 모두 가르칠 만합니다. 미천하다고 하여 소홀히 하지 말기를 바랍니다.

군자는 예가 아닌 것을 말하지 않는 법입니다. 괴이한 현상이나 현란한 귀신에 대해서는 공자님께서도 말씀하시지 않았습니다. 근래에 보건대 서당 아이들이 이해득실이나 괴담을 이야기하면서 부질없이 세월을 보내고 있습니다. 왜 엄하게 꾸짖어 바르게 공부하도록 하지 않습니까?

"그와 함께 나는 젊었을 때 성격이 불과 같아서 쉽게 화를 내곤 했었네. 특히 서당 훈장으로서 학동들을 꾸짖을 때 지나치게 심하게 화를 내곤 했는데, 정일당은 내게 자주 쪽지 편지를 보내 덕을 쌓기를 바랐었네."

방금 들으니 당신이 남을 책망할 때는 노여움이 지나치다 하니, 이것은 중도가 아닙니다. 이렇게 해서 남을 바로잡는다 하더라도 자신이 먼저 바르지 않으니 과연 옳은 일이겠습니까? 깊이 생각하기를 바랍니다.

《주역》에서 "음식을 절제하라"고 했으니, 술은 음식 중에서도 매우 중요한 것입니다. 당신은 술을 절제하여 덕을 쌓기 바랍니다. 조금 전에는 무슨 일로 학동들을 심히 꾸짖었나요? 과중한 책망이 아닌지요? 안색이나 언어는 군자가 더욱 마땅히 수양해야 하는 것입니다. 《시경》에서 말하기를 "남에게 따뜻하고 공손함이여, 아 덕성의 바탕이라네!"라고 했습니다. 당신이 남을 꾸짖을 때는 자못 온화한 기운이 없으므로 감히 아룁니다.

"나아가 정일당은 때론 자신이 직접 나서서 학동들을 돌보거나 가르치기도 했다네."

학동들이 회초리 맞는 것을 보고

너희가 삼가고 조심할 줄 알았다면
죄와 허물이 어디서 나왔으랴.
이제부터 다시 뉘우쳐서
성심을 다해 바른 태도를 갖추어라.

성품은 착하다

본래 사람의 성품은 모두 착하니
저마다 최선을 다하면 성인이 된다네.
인의를 갈구하면 인의가 이루어지리니
이치를 밝혀 성실을 다하여라.

"이렇게 정일당은 내게 매를 맞은 학동들을 달래 주거나 직접 가르치기도 했다네. 하여 학동들은 정일당을 마치 대모大母처럼 여기며 믿고 따랐지.
이외에도 정일당은 나의 일상생활을 하나부터 열까지 꼼꼼히 챙겨 주었다네."

옛날 문중자의 의복은 검소하면서도 깨끗했습니다. 지금 당신의 의복은 검소하기는 하나 깨끗하지는 못합니다. 검소한 것은 당신의 덕이지만, 더러워졌는데도 빨지 못하고 뜯어진 것을 제때에 깁지 못한 것은 나의 잘못입니다. 삼가 잿물로 씻고 바느질하여 주겠습니다.

낮잠은 기를 혼탁하게 하고 뜻을 해이하게 하며, 말을 많이 하면 원망과 비방이 생기게 마련입니다. 술을 과음하게 되면 성품과 덕을 손상시키게 되고, 흡연을 많이 하게 되면 정신을 손상하고 거만함을 기르게 됩니다. 모두 다 경계해야 할 것들입니다.

"이처럼 정일당은 나의 의식주뿐 아니라 낮잠이나 언어, 술, 흡연 등 생활 습관까지도 세심하게 뒷바라지하거나 깨우쳐 주었다네."

윤광연의 얘기가 끝나자, 이 기자가 살짝 웃으면서 물었다.

"두 분께선 특이하게도 쪽지 편지를 잘 활용하셨네요?"

"정일당은 쪽지 편지를 통해 수시로 내게 조언해 주었다네. 내외 분별이 엄격한 시대요, 서당을 운영하고 있었기 때문에 쪽지 편지는 내외간의 은밀한 의사소통에 아주 좋은 수단이었지. 그것 때문에 부부 사이도 더욱 돈독해질 수 있었고 말일세."

바로 이어서 정 교수가 다시 물었다.

"들으니 정일당께선 심지어 선생의 글을 대신 지어 주기도 했다던데요? 대체 왜, 그리고 얼마나 많이 지어 주었나요?"

"정일당은 내가 아프거나 문장력이 부족할 때, 또는 세상을 향해 자신의 글 솜씨를 드러내고 싶을 때 자진해서 내 글을 대신 지어 주었다네. 정일당이 대필한 작품은 시가 8편이고, 산문은 서신 5편, 기문 2편, 제발 2편, 묘지명 3편, 행장 3편, 제문 3편으로, 산문이 대부분을 차지하지. 그중에서 나와 교분이 있었던 이관하 부친의 회갑연에 바친 시를 읊어 주겠네."

북산 아래에서 덕을 기르시니
광채를 숨겨도 덕은 더욱 높아지시네.
학울음처럼 맑고 화평한 자제들과
대나무 그림자처럼 푸르고 생동한 손자들.

바야흐로 회갑을 맞으시니
손님과 친구들이 함께 잔을 올리네.
남은 복이 아직 다하지 않아
부귀영화가 아직 문밖에서 기다리네.

"어떤가? 회갑 잔치를 축하하는 시로 이보다 더 좋은 작품이 세상에 또 어디 있겠는가?"

모두가 애통해하다

마침내 정 교수는 서서히 자리를 정리하면서 정일당의 죽음에 대해 조심스럽게 물어보았다.

"마지막으로 정일당은 어떻게 세상을 떠났는지 듣고 싶습니다. 또 정일당이 죽자 선생께선 지나치게 애통해하셨다고 하던데요?"

그러자 윤광연이 갑자기 눈물을 쏟으며 울먹이는 목소리로 말하였다.

"나의 부인이자 벗이요 스승을 잃었는데 어찌 애통해하지 않을 수 있겠나?

정일당은 평생 가난 외에도 몸이 허약하여 고생을 많이 했었네. 그러다 임진년(1832) 가을에 돌연 병이 들어 위독해졌지. 죽기 하루 전에 내가 들어가 보고 눈물을 흘리자, 정일당이 정색하며 말하기를,

'죽고 사는 것은 천명天命에 달린 것인데 어찌 슬퍼할 필요가 있겠습니까? 당신은 의연히 받아들이세요.'

결국 그해 9월 14일에 세상을 떠나니, 향년 61세였다네. 정일당의 죽음을 듣고 이웃 사람들은 모두 목 놓아 울었고, 문하에 있던 학동들이나 돌봄을 받았던 수십 명의 사람이 가슴에 흰 띠를 두르고 통곡했었네. 그해 10월 30일에 광주 청계산 동쪽 언덕에 안장하니, 선영에 모신 것이었네.

정일당이 세상을 떠난 후 나는 지나치게 슬퍼하지 않을 수 없었네. 하여 어떤 이가 내게 말하더군.

'그대의 슬퍼함이 너무 심하도다. 이제 홀아비가 되어 살자니 신세가 처량하여 그런 것인가? 아니면 가난하여 빈소를 차리고 제사를 지내는

데 예법대로 하지 못해서인가? 어찌 그리도 지나치게 슬퍼하는가?'

그래 내가 대답했네.

'그렇지 않다! 어찌 내 마음을 알겠는가? 생로병사는 이치에 마땅한 것이요, 가난하고 궁핍한 것은 선비의 본분이다. 내가 어찌 그것 때문에 슬퍼하겠는가? 다만 나의 스승이 죽었으니, 앞으로 의심나는 것이 있어도 누가 그것을 풀어 주겠는가? 내가 하고 싶은 것이 있더라도 누가 그것을 도와주겠는가? 내게 잘못이 있더라도 누가 그것을 바로잡아 주겠는가? 내게 허물이 있더라도 누가 그것을 훈계해 주겠는가? 지극히 타당하고 바른 논의와 오묘한 뜻을 어디서 듣겠는가? 심신을 수양하고 품성을 닦는 방도를 어디서 배우겠는가?

내가 큰 과오를 면할 수 있었던 것은 우리 부모의 가르침 때문이고, 스승과 벗에게서 훈도를 받는 것도 있으나, 그중에서도 가장 큰 공은 역시 부인이었다. 이제 부인이 나를 두고 떠나니, 마치 닻을 잃은 배와 같고 길잡이 없는 장님과 같다. 멋대로 흔들리며 의지할 곳이 없고 이리저리 넘어지며 갈 곳이 없다. 이것이 내가 심하게 슬퍼하는 이유로다.'

아아, 슬프도다!"

윤광연은 말을 마치고 나서도 한참 동안 목 놓아 울었다.

얼마 후 정 교수가 조금이나마 그를 위로하고자 정중히 말하였다.

"정일당의 학문에 대한 열정은 정말 대단했습니다. 비록 어깨너머로 글을 배우고 삯바느질과 살림하는 틈틈이 공부했지만, 유교의 경전들을 두루 통달하고 실천했을 뿐 아니라 끊임없이 글을 써서 세상에 내놓았습니다. 그녀야말로 진정한 군자요, 도학자요, 문인이었던 것이지요.

강정일당 사당

청계산 자락에 위치한 이 사당은, 학문을 한 지 20여 년 만에 경지에 이르고 조선시대의 여인들뿐만 아니라 전체 학자들을 통틀어서도 가장 뛰어난 학자 반열에 든 강정일당을 기리고 있다.

선생께서도 역시 대단한 분이 아닐 수 없습니다. 아내의 뛰어남을 일찌감치 인정하고 그 조언들을 기꺼이 받아들였습니다. 세상에 자기 아내를 벗이자 스승으로 여기고 사는 이가 과연 얼마나 되겠습니까? 또 선생께선 아내의 사후 그 문집을 간행하여 세상에 널리 알렸을 뿐 아니라 주변의 문사들을 찾아가 글을 받음으로써 그것을 더욱 빛내려 했습니다. 그래서 우리들은 두 분을 진심으로 존경하고 있습니다."

마침내 정 교수와 이 기자는 자리에서 일어나 윤광연에게 큰절을 올린 뒤 조용히 물러나왔다.

나는 편안하오며 집의 일을 잊고 있사옵니다. 당신께선 다른 의심하실 듯하오나,
이실李室의 편지는 다 거짓말이오니 곧이듣지 마옵소서. 참말이라고 해도 이제
늙은 나이에 그런 일에 거리낄 것이 있겠습니까?

추사의 한글 편지

김정희 ⊙ 예안이씨

애처가 추사

오늘도 정 교수는 자료를 정리하며 조선 후기로 역사 인터뷰를 떠날 준비를 했다. 마지막이라 그런지 한편 아쉽기도 하고 한편 설레기도 했다. 그런데 약속 시간이 꽤 지났는데도 이 기자가 나타나지 않았다.

'왜 이리 늦지? 오늘은 꽤 멀리 가야 하는데……'

얼마 후 이 기자가 황급히 연구실 문을 열고 들어오며 말했다.

"늦어서 죄송해요, 교수님! 차가 좀 밀려서요. 대신 이다음에 제가 특별한 곳에서 맛있는 저녁 식사를 대접할게요."

정 교수는 자료를 챙겨 앞장서 나가며 말했다.

"어서 갑시다. 오늘은 멀리 제주도까지 가야 합니다."

"제주도요? 누굴 만나러 가는데요?"

"예. 제주도에 유배된 추사 김정희를 만나러 갑니다. 사람들은 추사를 실학자요, 서예가로만 알고 있으나 사실은 아내에게 한글 편지를 많이 쓴 것으로도 유명합니다. 현재까지 발견된 것만 해도 40여 통이나 되지요. 게다가 추사는 비록 학문이나 예술 세계에선 까다롭고 개성이 강한 사람이었는지 몰라도, 한글 편지에 나타난 그의 아내 사랑은 의외로 대단했습니다. 한마디로 그는 애처가였던 것이지요. 고로 오늘은 추사의 한글 편지를 토대로 그들의 부부사랑 이야기를 들어보려고 합니다."

그런 다음 정 교수는 여느 때처럼 추사에 대한 간략한 소개부터 해주었다.

"추사 김정희는 정조 10년(1786) 6월 3일 충청도 예산에서 병조판서 김노경과 기계유씨 사이에 장남으로 태어났습니다. 그러나 큰아버지 김노영이 아들을 낳지 못하자 그의 양자로 들어가 한양으로 옮겨 가서 살았지요.

어려서부터 총명했던 추사는 일찍이 북학파의 일인자인 박제가의 눈에 띄어 그의 제자가 되었습니다. 또 스물네 살 때에는 친아버지 김노경이 동지부사로 청나라에 가자 그의 시중을 드는 자제군관으로 따라갔습니다. 추사는 6개월 동안 연경에 머물면서 청나라 제일의 학자 옹방강, 완원 등으로부터 고증학과 금석학 등을 배웠습니다. 그리하여 귀국한 뒤 친구 김경연, 조인영 등과 함께 비문을 연구하러 조선 팔도를 답사하러 다니기도 했습니다.

순조 19년(1819) 서른네 살이라는 비교적 늦은 나이에 과거에 급제한 추사는, 이후로 암행어사, 예조참의, 병조참판, 성균관 대사성, 이조참판 등의 벼슬에까지 올랐습니다. 그가 이렇게 승승장구한 데에는 당시 권력의 실세였던 풍양조씨와의 친분 덕이었지요. 하지만 그 권세는 결코 오래가지 않았습니다. 헌종 6년(1840) 안동김씨가 집권하자, 추사는 이른바 '윤상도 옥사사건'에 연루되어 1840년부터 1848년까지 9년 동안 제주도로 유배를 가게 되었습니다.

철종 2년(1851)에도 그는 친구인 영의정 권돈인의 일에 연루되어 또다시 함경도 북청으로 유배되었다가 2년 만에 풀려났습니다. 이후 아버지의 묘소가 있는 과천에 은거하면서 후학들을 가르치다가 철종 7년(1856)에 일흔한 살의 나이로 생을 마쳤습니다.

이러한 추사의 생애는《철종실록》7년 10월 10일조의 졸기에 잘 나타나 있는데, 함께 읽어 보도록 할까요."

전 참판 김정희가 죽었다. 김정희는 이조판서 김노경의 아들로 총명하고 기억력이 투철하여 여러 책을 널리 읽었으며, 금석문과 그림, 역사에 깊이 통달했고, 초서와 해서, 전서, 예서에서 참다운 경지를 깨달았다. 때로 거리낌 없이 행동하기도 했으나 사람들이 시비하지 못했다. 어려서부터 영특하다고 이름을 드날렸으나, 중간에 가화를 만나 남쪽으로 귀양 가고 북쪽으로 유배 가서 온갖 풍상을 다 겪었으며, 혹은 세상에 쓰임을 당하고 혹은 버림을 받으며 나아가기도 하고 물러나기도 했으니, 그를 송나라 소동파에 비교하기도 했다.

"이로 보면 추사는 젊었을 땐 승승장구하다가 말년엔 유배를 다니며 고생을 많이 했음을 알 수 있습니다."

"아하, 속된 말로 그는 초년 운세는 좋았으나 말년 운세가 좋지 않았던 모양이로군요."

〈영영백운英英白雲〉 부분

김정희, 1844, 개인. 추사가 제주 유배 당시 머물렀던 집을 그렸다고도 전해지는 작품이다.
추사는 시·서·화에 모두 뛰어났다.

〈완당선생초상阮堂先生肖像〉

허련, 19세기, 개인. 추사는 아내에게 한글 편지를 40여 통이나 쓸 정도로 대단한 애처가
였다.

애서문

이윽고 두 사람은 추사가 아내를 잃은 지 얼마 되지 않은 1842년 12월 중순, 그의 유배지인 제주도 대정현 강도순의 집에 도착했다.

처음 유배 왔을 때 추사는 송계순의 집에 머물렀으나, 이해에 다시 이곳 강도순의 집으로 옮겨 왔다. 이 집은 제법 규모가 큰 초가집으로, 주인이 사는 안거리(안채), 사랑채인 밖거리(바깥채), 한쪽 모퉁이에 있는 모거리(별채), 그 밖의 통시(화장실)와 방앗간, 대문간 등으로 이루어져 있었다. 추사는 밖거리에서 머물고 있었는데, 사람들은 그곳을 '수성초당'이라 불렀다.

원래 추사는 가시울타리를 두르고 그 안에 가두는 형벌인 위리안치에 처해졌으나, 이 집의 둘레에는 가시울타리인 탱자나무가 심어져 있지 않았다. 대신 귤나무를 비롯한 동백나무와 배나무, 앵두나무 등이 많이 심어져 있었다. 그 만큼 세월이 흘러 유배객에 대한 격리 조치가 많이 완화되어 있었던 것이다.

그렇다고 해서 추사의 유배 생활이 편했다는 것은 결코 아니다. 이곳 대정현은 제주도 서남단에 있는 벽지로서 교통과 통신이 극히 어렵고, 토지도 척박한 곳이었다. 또 바람이 사납고 습기와 질병이 많아 생활하기가 무척 힘든 곳이었다.

두 사람이 가볍게 인기척을 하고 방문을 열고 들어가니, 반백의 수염에 하얀 상복을 입은 57세의 추사가 책상 앞에서 붓을 들고 뭔가를 열심히 쓰고 있었다. 한바탕 통곡이라도 했는지 눈가엔 아직도 눈물이 맺혀 있었다.

정 교수는 먼저 자리에 앉으면서 조심스럽게 물었다.

"무얼 쓰시기에 그리 슬픈 표정을 하고 계십니까? 처음 뵙는 저희들도 덩달아 눈물을 흘릴 것만 같습니다."

"죽은 아내의 영전에 올릴 애서문哀逝文(죽은 이를 슬퍼하는 글)을 쓰고 있었다오. 하도 슬프고 원통하여 그대들께도 한번 읽어 주고 싶소."

아아, 나는 형구가 앞에 있고 유배지로 갈 때 큰 바다가 뒤를 따를 적에도 일찍이 내 마음이 이렇게 흔들린 적이 없었습니다. 그런데 지금 당신의 상을 당해서는 놀라고 울렁거리고 얼이 빠지고 혼이 달아나서 아무리 마음을 붙들어 매려 해도 그럴 수가 없으니 이 어인 까닭인지요.

아아, 무릇 사람이 다 죽어갈망정 유독 당신만은 죽지 말았어야 했습니다. 죽지 말았어야 할 사람이 죽었기에 이토록 지극한 슬픔을 머금고 더 없는 원한을 품게 된 것입니다. 그래서 장차 뿜으면 무지개가 되고 맺히면 우박이 되어 족히 공자의 마음이라도 뒤흔들 수 있게 되었습니다.

아아, 30년 동안 당신의 효와 덕은 온 집안이 칭찬했을 뿐 아니라 벗들과 남들까지도 다 칭송하지 않은 자가 없었습니다. 허나 당신은 이를 사람의 도리로 당연한 일이라 하며 즐겨 듣지 않으려 했습니다. 내가 그것을 어찌 잊을 수가 있겠습니까?

예전에 내가 희롱 조로 말하기를 "당신이 만약 죽는다면 내가 먼저 죽는 게 도리어 낫지 않겠습니까?"라고 했더니, 당신은 크게 놀라 곧장 귀를 가리고 멀리 달아나서 결코 들으려 하지 않았습니다. 이는 진실로 세속의 부녀들이 꺼리는 바이나 그 실상은 이와 같이 되는 경우도 많았으니, 내 말이 다 희롱에서만 나온 것은 아니었습니다.

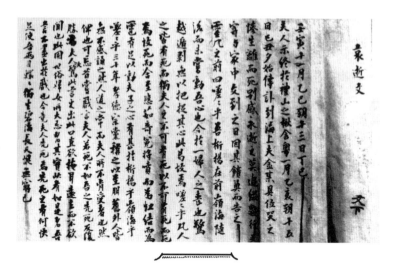

〈애서문〉

김정희, 1842, 개인. 추사는 아내가 죽은 뒤 이를 슬퍼하는 〈애서문〉을 써서 제사 때 영전에
서 고하도록 했다.

지금 끝내 당신이 먼저 죽고 말았으니, 먼저 죽는 것이 무엇이 유쾌하고 만
족스러워서 나로 하여금 두 눈만 빤히 뜨고 홀로 살게 한단 말입니까. 저
푸른 바다, 저 높은 하늘과 같이, 나의 한은 다함이 없을 따름입니다.

읽기를 마치자, 정 교수가 감동 어린 눈길로 추사를 바라보며 말했다.
"아, 평소 아내를 얼마나 아끼고 사랑했으면 이토록 가슴 아파할까
요? 두 사람의 부부사랑이 더욱 궁금해집니다."

왜 답장을 보내지 않으셨는지요?

마침내 정 교수는 자신들이 찾아온 연유를 말한 뒤, 우선 그들의 결혼 이야기부터 듣고자 했다. 그러자 추사가 담담한 표정으로 대답했다.

"나도 결혼을 두 번씩이나 했소. 첫 번째는 열다섯 살 되던 해인 1800년에 이희민의 딸인 한산이씨와 결혼했는데, 그녀는 혼인한 지 5년 만에 갑자기 세상을 떠나고 말았다오.

두 번째는 첫째 부인의 삼년상을 치른 뒤인 스물세 살 때 열아홉 살의 예안이씨와 결혼했소. 그래 이곳 제주도로 유배 올 때까지 30여 년 동안 함께 살았소이다."

"둘째 부인 예안이씨와는 금슬이 참 좋았다고 하던데요? 지금까지 전하는 선생의 한글 편지는 모두 40통인데, 거의 전부가 예안이씨에게 보낸 것들이더라고요. 또 선생께선 30대, 40대, 50대에 걸쳐 지속적으로 한글 편지를 썼는데, 고로 이 편지들을 통해 선생의 부부관계를 간접적으로 유추해 볼 수 있을 듯합니다."

그리고 나서 정 교수는 먼저 30대에 쓴 편지에 대해서부터 얘기해 달라고 하자, 추사가 과거의 기억을 더듬어 가며 하나씩 들려주었다.

"30대 초반에 나는 아직 과거에 급제하기 전이라 국내의 명산대찰을 돌아다니며 탁본拓本을 뜨는 등 금석학 연구에 빠져 있었소. 또 당시 친부께서 경상감사로 대구감영에 계셨는데, 우리 내외는 때때로 아버님을 모시기 위해 한양과 대구를 왕래하였소. 그러면서 서로 자주 편지를 주고받았던 것이오. 그 대표적인 사례를 두 가지만 들려주겠소.

첫 번째는 1818년 2월 10일 한양 장동의 본가에 있는 아내에게 보낸 것이오"(참고로 추사의 한글 편지는 지금까지 한 편도 전문이 번역된 것이 없다. 이에 따라 필자는 추사의 대표적인 편지들을 있는 그대로 전문을 번역해서 싣고자 한다).

지난번 길을 가던 도중에 보낸 편지는 보셨는지요? 그 사이에 인편이 있었는데도 편지를 보내지 않으니 부끄러워 아니한 것이옵니까? 나는 마음이 심히 섭섭하옵니다. 그동안 한결같이 생각하며 지냈사오니 계속 편안히 지내시고, 대체로 별일 없고 숙식과 범절을 착실히 하옵소서.

사랑채에 동네 청지기들이 떠나지 않고 있다 하옵니다. 한결같이 마음이 놓이지 아니하오며, 나는 오래간만에 아버님 모시고 지내니 마음이 든든하고 기쁜 것을 어찌 다 적겠습니까.

그 길에 천 리를 두루 돌아다니며 험한 길을 무수히 겪었고, 14일에 돌아왔으니 3일이지만 몹시 피곤하여 견디지 못하겠습니다.

오늘 저녁이 제사인데 형님께서 멀리 나오시고, 뒷집의 진사進士나 들어와 지내는가 이리 염려되옵니다. 내행內行은 이들 후에 떠날 텐데 큰아주머님과 둘째 형수님은 올라가시고, 막내 형수님은 아직 계시고, 말[馬]이 돌아올 때 거기서 내려오시게 하겠습니다. 나는 내행이 올라갈 때 함께 가려 하오니 시사時祀에나 맞춰 들어갈 듯하옵니다. 그 사이에 짐이나 마저 준비해 두게 하옵소서. 아무래도 초 6일쯤 떠나오게 하겠사오니 미리 준비하게 하옵소서.

아무래도 집안일이 말이 아니어서 이리 답답하옵니다마는 얼마 동안이겠습니까. 올해는 집안일이 있어도 편지로만 하고 나는 걱정을 많이 했지만 그것도 다 뜻대로 되지 않으니 도리어 웃기고 심난한 일이 많으니 답답할 뿐이옵니다.

내 저고리는 상인이 편에 부치지 않고 언제 보내려 하옵니까? 답답도 하옵니다.

평동平洞은 그 사이 어떠합니까? 염려가 끝이 없고, 반동泮洞의 누이님은 들어와 계십니까? 어디서 온 편지인지 모르나 볼만하기에 보내오니, 보시고 잘 감춰 두옵소서. 거기서 배행陪行은 뒷집의 진사 보고 오도록 하옵소서. 심히 걱정되어 이만 적습니다.

무인년(1818) 2월 13일 남편이 올립니다.

편지를 써 둔 지 이틀이 되었더니 그 사이에 잠깐 글을 보고 또다시 쓸 것이 없어 이만 적습니다.

13일 밤에 덧붙여 씁니다.

"보기에 어떻소? 나는 다시 보니 정말 쑥스럽고 아내에게 미안할 따름이오."

"아뇨, 보기 좋은데요. 우선 남편으로서 집안일을 걱정하는 모습이 매우 인상적입니다. 또 왜 답장을 보내지 않았느냐며 섭섭해하거나 밖에 나와 있어도 한결같이 당신을 생각하고 지냈다면서 아내에게 어리광을 부리는 듯한 모습도 재미있고요. 그리고 무엇보다 아내에게 보내는 편지에 '하옵니다'라고 극존칭을 쓰고 있어 매우 놀랍습니다."

추사는 계속해서 30대에 쓴 편지들에 대해 얘기해 주었다.

"두 번째는 그해 9월 26일 내가 한양에 있을 때 대구 감영에 가 있는 아내에게 보낸 것이라오. 아내에게 한양으로 잘 돌아오라고 적어

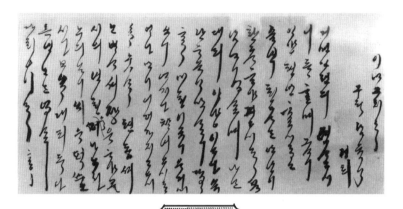

한양 장동 본가의 추사가 대구 감영의 아내 예안이씨에게 쓴 편지
1818년 9월 26일, 개인. 추사의 아내에 대한 생각과 음식에 예민했던 모습을 엿볼 수 있다.

보낸 편지외다."

지난번 인편에 적은 글을 보니 든든하오며, 그 사이에 몸 편안하시고 아버
님의 순회 행차는 안녕히 돌아와 계시옵니까? 엎드려 생각하는 마음 끝이
없사오며, 나는 대체로 편안하오나 당신이 근심하고 어지러운 일 많으니
답답하옵니다. 내행이 곧 올 것이니 어떻게 잘 준비하여 오시옵소서. 어란
魚卵 많이 얻어서 오시옵소서. 우습습니다.

평동平洞에서는 동지사의 서장관이 되어 중국으로 떠나는 바람에 누님이
애를 퍽 쓰셨나 봅니다. 대체로 다른 일은 없사오니 다행이옵니다. 이만 그
치옵니다.

9월 26일 김정희

"역시 아내를 생각하는 마음은 여전하십니다. 또 한양으로 잘 돌아오길 바라고, 특히 어란 좀 많이 얻어 오라는 표현이 재미있습니다. 가만히 보니 선생께선 평소 먹고 입는 것에 유독 예민하고 까다로웠더라고요."

바로 그때, 이 기자가 예리한 눈빛으로 추사를 쳐다보며 거의 따지듯이 물었다.

"근데 제가 듣기로는 선생께선 이미 첩을 들여 바로 전해인 1817년에 서자 상우를 낳았다고 하던데요. 또 아내 예안이씨에게 소생이 없어 친척인 김태희의 아들을 양자로 삼아 집안의 대를 잇도록 했고요. 그래서 이렇게 아내에게 더욱 신경을 썼던 건 아닌가요?"

"……"

추사는 별로 할 말이 없는 듯 끝내 대답하지 않았다.

남의 말은 곧이듣지 마옵소서

얼마 후 정 교수가 다시 40대에 쓴 편지들 중 죽향과의 사연이 담긴 것만 얘기해 달라고 하자, 추사가 썩 내키지 않는 표정으로 간단히 들려주었다.

"내 나이 43세인 1828년에 아버님이 평안감사로 부임하여 나도 자주 평양을 방문했소. 당시 평양은 기녀로 유명한 곳이었는데, 나도 자연스레 기녀와의 풍문에 휩싸였다오. 도도하기로 유명한 기녀 죽향과의 소문이 바로 그것이오. 죽향은 시를 잘 지었으며, 난초와 대나무도 잘 그

〈화조도花鳥圖〉

전 죽향, 19세기, 국립중앙박물관. 추사는 한때 평양 기녀 죽향과 좋아지낸다는 풍문에 휩싸였는데, 당시 죽향은 시를 잘 지었고 난초와 대나무도 잘 그린 것으로 유명했다.

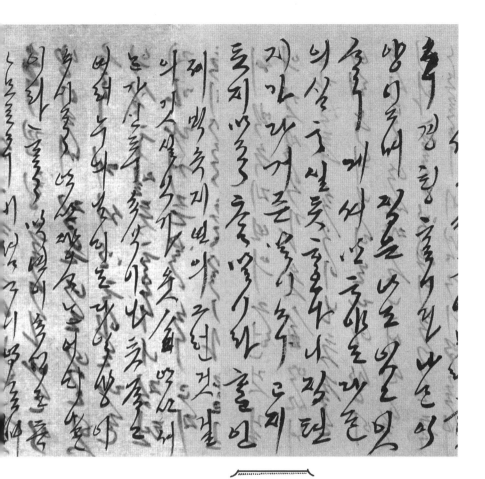

평양 감영에서 한양 장동 아내에게 쓴 편지

1829년 11월 26일, 몍남서당. 추사와 죽향의 소문은 결국 아내의 귀에까지 들어가고 말았다. 이에 추사는 급히 변명하는 편지를 써서 아내에게 보냈다.

렸다오. 당시 양반들도 그녀의 시와 그림에 찬사를 보낼 정도였고, 나도 한때 그런 죽향에게 반하여 시를 지어 주기도 했다오. 허나 얼마 안 있어 문제가 생기고 말았는데, 이씨 집안으로 시집간 누이가 이 일을 한양에 있는 아내에게 일러바친 것이었소. 하여 나는 아내의 마음이 상할까 두려워 이런 변명 어린 편지를 쓰지 않을 수 없었다오."

그 사이에 다들 편안히 지내시고 대체로 별고 없으신지요? 어린 것도 탈 없이 있는지 염려되옵니다. 여기는 아버님께서 병환이 있어 나도 3일경에 가다가 돌아와 약시중을 들고 있사옵니다. 오늘은 억지로 세수까지 해 보려고 하시니 천만다행이옵니다.

나는 편안하오며 집의 일을 잊고 있사옵니다. 당신께선 다른 의심하실 듯하오나, 이실李室의 편지는 다 거짓말이오니 곧이듣지 마옵소서. 참말이라고 해도 이제 늙은 나이에 그런 일에 거리낄 것이 있겠습니까?

안산에서는 가신 후 소식이나 듣고 싶고, 여러 누님들도 다 편안하신지요? 안산의 장례는 언제라 하던가요? 막연히 소식도 듣지 못하오니 슬픈 마음 끝이 없사오며, 나는 이제 생일 후에나 올라가겠습니다.

바지 보냈는데 받았습니까? 그 사이에 여기서 옷 한 벌을 지어 입으라 했지만, 집에서 옷이 와야 입고 여기서 하는 옷은 웃깁니다.

차동茶洞에서와 반동泮洞에서는 어찌들 지내시는지요? 반동에서는 혼인이 가까웠거늘 어찌하고 있는지 걱정이로소이다. 이만 그치옵니다.

11월 26일 김정희

"당시 나는 평양 감영에서 아버님의 병간호를 하고 있었는데, 죽향과의 소문을 들은 아내가 의심하는 편지를 보내왔소. 하여 남의 말은 곧이듣지 말라 하고, 다 늙은 나이에 어찌 그런 일이 있었겠느냐고 답장을 써서 보냈던 것이오. 나 참 어찌나 억울하던지……."

"예, 알겠습니다. 그때 선생께선 아내의 마음이 상했을까 어지간히 걱정되었던 모양입니다. 하하하!"

유배지에서 쓴 편지

바로 이어서 추사는 50대에 쓴 편지들에 대해 얘기해 주었다.

"나는 55세인 1840년에 윤상도 옥사사건에 연루되어 이곳 제주도 대정현으로 유배를 왔소. 제주에서 유배 생활을 하면서 더욱 자주 편지를 썼는데, 2년 후 아내가 세상을 떠나기 전까지 모두 아홉 통의 한글 편지를 썼던 듯하오. 그중 세 통의 편지에 대해서만 얘기해 주겠소이다.

먼저 나는 1840년 9월 2일에 유배 명령을 받고 출발하여 일단 전라도 해남으로 간 뒤, 27일에 다시 배로 출발하여 하루 만에 제주도에 도착했소. 그리고는 이곳 대정현 유배지에 도착하여 자리를 잡고 처음으로 아내에게 편지를 썼소."

어느덧 겨울이 되오니 다들 편안히 지내옵니까? 경향京鄉에서 다 한가지로 무고한지요. 천안에서 당신의 슬픈 모습을 보니, 물론 그렇지는 않겠지만 그대가 그러하다 병이라도 나면 어쩌겠습니까. 이제부터는 만사가 당신께 달려 있으니 더욱 몸을 돌아보아 그전보다 더욱 보전해야 합니다. 그래야 2천 리 바다 밖에 있는 마음을 위로할 것이니, 늘 눈앞의 일만 생각하지 미시고 널리 생각하고 크게 마음을 넉어 아무쪼록 편안히 지내옵소서. 집안일이 지금부터는 다 그대에게 달렸으니 응당 그런 도리는 아시겠지만, 들뜬 마음이 더욱 간절하여 이리 말씀을 구차히 하시옵니까? 강동江東이의 모양도 말이 아닌 듯하니, 그 돌아간 후에야 어떻든지 마음이 놓일 듯하옵니다. 먹기를 착실히 하여 회복이 되기를 바라옵니다.

나는 천 리를 무사히 오고, 또 천 리 바다를 지난달 27일 하루 만에 쉬이 건너오니 임금의 은혜가 아님이 없사옵니다. 배 안의 사람들이 다 멀미를 해서 정신을 잃고 하루 종일 굶어 지냈는데, 나 혼자만 멀미도 아니 하고 배 위에 종일 바람이 불어도 앉아서 의연히 밥도 잘 먹고, 그전에 계속 물 말은 밥을 먹고 오더니 배 위에서 된밥을 평상시와 같이 먹으니 그도 기이하지 않겠습니까? 대저 나 혼자만 관계치 아니하다 말하는 것이 아니라, 아무래도 그 큰 바다는 사람마다 건너오라 하고 권한다 해서 건너올 길이 없으니, 행여나 놈이 같은 아이들이 아무 철도 모르고 헛된 생각으로 건너올 길이 없으니 미리 그리 알아차리게 하옵소서.

초 1일에 대정헌 유배지에 오니 집은 넉넉히 몸담을 만한 데를 얻어, 한 칸 방에 마루 있고 집도 깨끗하여 별도로 도배할 것이 없이 들어왔으니 오히려 과한 듯하옵니다. 먹음새는 아직은 가지고 온 반찬이 있으니 어찌 견뎌 갈 것이요, 생복生鰒이 나니 그 걸로도 견딜 듯하옵니다. 쇠고기는 매우 귀하나 혹 가끔 얻어먹을 도리도 있는가 하옵니다. 아직은 두서를 정하지 못해 어찌할 줄 모르겠사옵니다.

"이렇게 나는 아내에게 마음을 굳게 먹도록 당부한 뒤, 무사히 바다를 잘 건너왔고 유배지도 그럭저럭 지낼 만한 곳이라 안심시켜 주었다오. 물론 먹는 것이 걱정되긴 하다만 어떻게든 견뎌 볼 터이니 걱정하지 말라 하였소.”

“선생께선 언제 어디서나 아내에 대한 생각이 지극하셨네요. 역시 애처가답습니다. 또 유배지에서 처음 쓴 편지임에도 먹을거리 걱정부터 하는 걸 보니, 역시 선생께선 평소 먹는 문제에 민감했던 듯합니다. 하하하.”

추사는 계속해서 제주 유배지에서 아내에게 쓴 편지들에 대해 얘기해 주었다.

“이곳에서의 생활은 아주 힘들지는 않았으나 그렇다고 결코 편한 것도 아니었소. 특히 눈병과 다릿병, 피부병 같은 온갖 질병은 둘째로 치더라도, 먹고 입는 문제가 가장 어려웠다오. 하여 가끔 나도 모르게 아내에게 편지를 보내어 투정을 부리거나 과도하게 물건을 요구한 적도 있었소.

그리 유배 생활을 한 지 2년여가 되어갈 무렵, 아내의 병이 심상치 않다는 전갈을 받았소. 본래 아내는 젊었을 때부터 몸이 별로 좋지 않았으나, 이번에는 석 달이 넘도록 병의 증세가 계속된다는 것이었오. 나는 왠지 모를 불길한 생각에 하루빨리 병이 낫기를 바라는 편지를 써서, 당시 아내가 머물고 있는 충청도 예산의 친정집으로 보냈소.

한데 배편이 막혀 심부름꾼이 제때에 출발하지 못하자, 며칠 뒤에 나는 또다시 짧은 편지를 써서 함께 보냈다오. 아내의 병이 어서 빨리 낫기를 바라는 간절한 마음을 담아서 말이오.”

노비 경득이의 편지는 어느 때에 들어갔습니까? 이후로는 배편의 왕래가 막혀 소식을 오래 듣지 못할 듯합니다. 어느덧 동지가 가까운데 병은 어떠하옵니까? 그 증세가 돌연 떨어지기가 어렵사오나, 그동안 병의 차도가 어떠하십니까. 벌써 석 달이 넘었사오니 원기와 범절凡節이 오죽 쇠했겠습니까? 이리 떨어져 있어 염려만 할 뿐 어찌할 길이 없사오며, 먹고 자는 모든 일이 어떠하옵니까? 그동안 무슨 약을 드시며 아주 자리에 누워 지냈습니까? 간절한 심사를 갈수록 진정치 못하겠습니다.

강동이는 요새 어떠하며 차가운 계절을 당해 묵은 병이 예전처럼 자주 발작할 듯하오니, 종종 염려할 뿐이옵고 우리 손자들은 별고 없겠지요? 나는 여전히 편안하나 피부병으로 가려운 병이 지금까지 낫지 않아 늘 밤을 지새우곤 하니, 가뜩이나 변변치 않은 잠을 더구나 못 자고 실로 어렵사오나 먹고 자는 모든 일은 별로 못하지 아니하니 어찌어찌 견뎌가겠습니다.

그대의 병환으로 밤낮 걱정하여 소식을 자주 듣지 못하오니, 더구나 가슴이 답답하고 타는 듯하여 견디지 못할 듯합니다. 노비들은 다 편안하니 다행이옵니다. 식사도 겨울이 된 후에는 고기도 얻어 맛보니 그럭저럭 이 겨울은 또 무사히 넘길 듯하옵니다. 인편이 하도 없어 읍성에나 무슨 인편이 있을까 하여 대강 두어 자 인부만 이리 붙이오니, 쾌히 병이 나아 건강이 회복되신 소식을 이리 날마다 기다리옵니다.

그 사이 배편으로 응당 무엇이라도 부칠 것이 있을 듯하오나, 병환 중에 염려하실 일이 있을까 걱정되옵니다. 서울 식구들은 어찌 지내고, 미동渼洞에서는 동지를 당해 오죽하실지 잊을 길이 없사옵니다. 팔의 통증은 괜찮으나 팔꿈치가 아파 겨우 일어나 썼습니다.

1842년 11월 14일 올립니다.

생신이 다가오는데 아이들과 함께 지내시길. 그저 생각뿐이옵니다(덧붙여 썼습니다).

전번에 편지 부친 것이 이번 인편에 함께 갈 듯하오며, 그 사이 새 현감이 오는 편에 영유永柔의 편지를 보니 요즘 계속 병환을 물리치지 못하시고 좋았다 나빴다 하신가 보옵니다. 벌써 여러 달을 병이 낫지 않으니 근력과 모든 일이 오죽하시겠습니까? 사슴 환약을 드시나 본데 그 약으로나 쾌히 효과를 보실지, 멀리 만 리 밖에서 염려함을 형용하지 못하겠습니다.

나는 이전처럼 별일 없으며 그저 가려움증으로 못 견디겠습니다. 노비 갑쇠를 보내지 않을 수 없어 이리 보내오나 그 가는 모습이 몹시 슬프니, 객지에서 더한층 마음을 정하지 못하겠습니다. 급히 떠나보내기에 다른 사연은 길게 못 하옵니다.

1842년 11월 18일 올립니다.

편지 읽기를 마친 추사는 두 손으로 얼굴을 감싸고 오열하기 시작했다.

"으흐흑!"

갑작스런 추사의 오열에 어안이 벙벙한 정 교수는 조금이나마 그를 위로하고자 말하였다.

"하루빨리 병이 낫도록 그토록 간절히 기원하다니, 아내를 진심으로 아끼고 사랑했던 듯합니다."

"그럼 뭐하겠소? 아내는 이미 세상을 떠나고 없었는걸……. 이후에 알고 보니 그 편지를 쓰기 하루 전인 11월

13일에 아내는 이미 죽었다 하외다. 난 그것도 모르고 병이 쾌히 낫기를 바라는 편지를 써서 보냈던 것이오. 세상에 이보다 원통한 일이 또 어디 있겠소?"

급기야 추사는 설움에 복받쳐 목 놓아 울기까지 했다. 두 사람도 너무나 안타까워 자신들도 모르게 눈시울을 적실 수밖에 없었다.

내세에는 서로 바꿔 태어나

얼마 후 정 교수가 다시 마음을 가다듬고 조심스레 물었다.
"그래서 아까 죽은 아내를 슬퍼하는 〈애서문〉을 쓰고 있었군요?"
"처가인 충청도 예산으로 보내어 아내의 제사 때 영전에서 고하도록 하기 위해서였소. 또 며칠 전에는 아내의 죽음을 애도하는 도망시悼亡詩를 짓기도 했는데, 그것도 한번 읊어 주리다."

누가 월하노인(남녀의 인연을 맺세 해 준다는 전설상의 노인)께 호소하여
내세에는 서로 바꿔 태어나
천 리 밖에서 나는 죽고 그대는 살아서
나의 이 서러운 마음을 그대도 알게 했으면.

"내세에는 서로 바꿔 태어나 아내에게도 이 서러운 마음을 알게 하고 싶다니……. 대체 그 슬픔이 얼마나 컸으면 이렇게 표현했을까요?"

정 교수는 가슴이 뭉클하여 또다시 눈물을 흘리지 않을 수 없었다.

마침내 추사는 〈애서문〉을 고이 접어 봉투에 넣은 뒤, 문밖에서 기다리고 있던 심부름꾼을 불러 처가에 갖다 주도록 했다. 정 교수와 이 기자도 그 심부름꾼과 함께 추사에게 인사를 올린 뒤 천천히 유배지를 떠나왔다.

추사 고택

추사의 생가. 충남 예산에 자리 잡은 추사 고택은 증조부 김한신이 영조의 둘째딸 화순옹주
에게 장가들면서 하사받은 집으로, 총 53칸의 대저택으로 지어졌다.

부부란 무엇으로 사는가?

인간은 왜 사랑하는 걸까?

마지막 역사 인터뷰를 다녀온 지 며칠 지나
지 않아 이 기자가 다시 연구실로 찾아왔다.
정 교수는 그녀를 반갑게 맞이하며 말했다.

"어서 오세요! 드디어 조선시대 사람들의
부부사랑 이야기를 마치게 되었네요. 10여 주
동안 역사 인터뷰를 다니느라 고생이 많았습
니다."

"별말씀을요! 저보다 교수님이 훨씬 고생이
많았지요. 매주 다양한 인물들을 만나 여러
가지 재미있고 감동적인 부부사랑 이야기를
듣게 해 주셔서 정말 감사합니다. 오늘은 지
금까지 살펴본 조선시대 사람들의 부부사랑
을 종합적으로 정리했으면 합니다. 이번 연재
의 후기를 좀 쓸까 해서요."

"예, 아주 좋은 생각입니다. 오늘은 조선시
대 사람들의 부부관계, 특히 부부사랑의 특징
을 알아 보고, 지금의 우리들은 과연 어떻게
해야 하는지 함께 고민해 보도록 합시다."

정 교수가 모처럼 국화차를 대접하며 본격

적으로 얘기를 시작하려는데, 이 기자가 문득 떠오른 것이 있는지 먼저 물었다.

"아참! 조선시대 부부사랑의 특징을 살피기에 앞서, 인간은 왜 사랑하는지부터 잠시 들려주시면 안 될까요? 갑자기 인간은 왜 사랑하는지에 대한 근본적인 의문이 들어서요."

"하하하, 그것참 어려운 질문인데요! 인간이 사랑하는 이유는 여러 가지입니다. 우선 인류의 역사에 의하면, 인간은 원래 단세포에서 다세포로 분화되어 생겨났는데, 그래서 인간은 끊임없이 다시 결합하여 단세포가 되려는 속성이 있다고 합니다.

또 사랑은 인간으로 하여금 살아 있음을 느끼게 해 줍니다. 다시 말해 자신의 존재감을 확인시켜 준다는 것이지요. 실제로 우리들은 사랑하는 순간 가슴이 뛰고 온몸의 감각들이 살아날 뿐만 아니라, 잠들었던 뇌가 깨어나는 듯한 느낌을 받습니다.

그와 함께 사랑은 인간을 즐겁고 행복하게 만들어 줍니다. 세상에 사랑보다 더한 기쁨과 만족을 주는 것이 어디 있겠습니까. 그래서 인간은 사랑하면 얼굴에 꽃이 피고, 심지어 나이 든 사람도 다시 젊어진다고 하잖아요?

하지만 분명 유의할 점도 있는데, 사랑도 영고성쇠榮枯盛衰를 겪는다는 것입니다. 꽃도 피면 지고, 달도 차면 기우는 것처럼, 사랑도 늘 그대로 있는 게 아니라 언젠가는 절정에 이르렀다가 사라진다는 것입니다. 또 인생에 사계절, 즉 봄·여름·가을·겨울이 있듯이, 사랑에도 도입-전개-절정-결말이 있습니다. 인간들은 어리석어서 항상 사랑의 달콤한 순간만을 생각하지만, 아이로니컬하게도 사랑에는 달콤한 그

순간만큼이나 허무하고 고통스런 순간이 있다는 걸 알아야 합니다."

그때, 이 기자가 갑자기 엉뚱한 질문을 던졌다.

"근데요, 교수님! 우리는 과연 일생 동안 몇 번이나 사랑하는 걸까요?"

"글쎄……, 별로 많지 않은 듯한데요. 옛날 사람들도 많아야 한두 번 정도 사랑했잖아요. 현대도 아무리 자유연애 시대라지만 사랑의 기회는 그리 많지 않은 듯합니다. 기껏해야 두세 번 정도, 심지어 평생 제대로 된 사랑 한 번 해 보지 못하고 죽어가는 사람이 갈수록 늘어나고 있습니다. 그만큼 사랑이란 귀하고 소중한 것이지요. 그래서 사랑할 때 잘해야 합니다."

부부사랑, 어떻게 할 것인가

이 기자는 정 교수의 이야기에 점점 빠져드는지 더욱 고개를 내밀고 물었다.

"그럼 부부란 대체 무엇인가요? 국어사전에는 부부란 '결혼한 남녀, 즉 남편과 아내'라고만 나와 있는데, 너무 막연한 말인 듯해요."

"그렇죠! 지금까지 우리는 부부를 너무 막연히 정의해 왔습니다. 결혼한 사람, 보다 자세히 말하면 '사랑하는 사람들이 결혼해서 함께 사는 것'이라는 정도였죠.

내가 보기에 부부는 인생이란 거친 세상을 살아가기 위한 동반자 관계가 아닐까 합니다. 인생은 의외로 길고, 복잡하고, 변화무쌍합니다. 고로 이 거친 세상을 혼자서 살아가기란 쉽지 않죠. 그래서 인간은 부부가 되어 힘을 모아 인생을 헤쳐 나가는 것입니다.

그런데 여기서 잊지 말아야 할 것은 부부란 '하나이면서 둘'이라는 것입니다. 우리나라 부부들 사이에는 '나'가 존재하지 않습니다. 다시 말해 개성, 즉 자신을 내세우면 안 된다는 것이지요. 특히 결혼한 여성들이 자신을 내세우면 마치 성격적으로 문제가 있는 사람처럼 여기기도 합니다. 하지만 앞에서 말했듯이 부부란 원래 인생이란 거친 세상을 살아가기 위한 동반자 관계라는 것입니다. 그러므로 결혼 후에도 항상 '나'는 존중되어야 하며, 그렇게 개성이 존중된 상태에서의 행복이야말로 '진정한 행복'이라는 것을 잊지 말았으면 합니다."

이 기자는 계속해서 부부사랑의 방법에 대해 물었다.

"교수님, 그렇다면 부부사랑은 과연 어떻게 해야 하는 걸까요? 지금까지 진행해 온 조선시대 부부들과의 인터뷰 내용을 토대로 좀 더 체계적으로 말씀해 주시면 감사하겠습니다."

"예, 좋습니다. 사랑도 아는 만큼 잘한다고 하더군요. 이제부터는 본격적으로 조선시대 부부사랑의 비결을 살펴보면서, 현대 우리들은 과연 어떻게 살아가야 할지 함께 생각해 보도록 합시다.

조선시대 부부사랑의 비결은, 첫째 서로 배려하고 존중해 주었다는 점입니다. 특히 겉으로만 조심하는 것이 아니라 상대방의 입장을 헤아리고 진심으로 대하고자 했습니다. 예를 들어 퇴계 이황은 아내 권씨가 지적장애를 갖고 있었음에도 그 부족한 부분들을 품어 주며 별다른 문제없이 잘 살아갔습니다. 또 강정일당의 남편 윤광연은 부인을 존중하는 차원을 넘어 한평생 자신의 스승으로 여기며 살았습니다.

둘째, 부부간의 소통을 매우 중시했다는 점입니다. 조선시대엔 교통이 발달하지 않아서 부부생활이 대단히 고정적이었을 것으로 생각하곤 합니다. 하지만 조선시대 부부들도 수학이나 관직, 유배, 근친 등의 이유로 서로 떨어져 지내는 경우가 의외로 많았습니다. 그럼에도 이들의 사랑은 쉽게 식지 않았는데, 평소 시나 편지로 끊임없이 안부를 묻거나 사랑을 표현하며 서로 마음을 나누었기 때문입니다. 그 대표적인 예가 바로 유희춘과 송덕봉, 김정희와 예안이씨 부부였습니다.

셋째, 적극적으로 사랑을 표현했다는 점입니다. 조선은 유교 사회로 희로애락喜怒哀樂 등 인간의 본능적인 감정을 최대한 숨겨야 했던 것처럼 여기고 있습니다. 특히 부부간의 애정 표현은 더욱 금해야 했던 것처럼 생각하죠. 하지만 조선시대 부부들은 의외로 자연스럽게 사랑을 표현하며 다정다감한 부부생활을 했습니다. 심지어 부부간의 성 문제에 있어서도 예상 외로 개방적이고 적극적이었습니다. 예를 들어 원이 엄마의 경우 평소 부부간 잠자리에서 '이보소! 남들도 우리처럼 서로 어여삐 여기며 사랑할까?'라고 하니, 남편 이응태가 '둘이 머리가 세도록 살다가 함께 죽자!'고 말하기도 했습니다. 이는 현재의 부부들도 쉽게 하기 어려운 애틋한 사랑 표현이 아닐 수 없습니다. 또 추사 김정희의 경우도 수많은 편지에서 '비록 집 밖에 나와 있어도 한결같이 당신을 생각한다'고 말하거나, '엎드려 당신을 생각하는 마음 끝이 없다'라고 하는 등 적극적으로 사랑을 표현했습니다.

넷째, 부부는 가장 좋은 친구였다는 점입니다. 조선시대 부부들은 나를 알아주는 친구, 즉 지우知友요, 더 나아가 나를 키워 주는 관계인 '인생 동료'가 되고자 했습니다. 예컨대 이빙허각과 서유본은 인생동료뿐 아니라 학문적 동료였습니다. 또 윤광연은 아내 강정일당을 부인이자 벗이요, 스승처럼 여기며 살았습니다. 그래서 아내의 사후 그 문집을 대대적으로 간행하기도 했습니다. 단언컨대 이러한 부부상은 21세기인 오늘날에도 결코 찾아보기 어려운 경우라 할 수 있습니다.

다섯째, 자식 사랑도 대단했다는 점입니다. 특히 조선 후기 남성들은 아내를 잃은 후에 그 사랑을 자식들에게 쏟곤 했습니다. 그래서 이 시기 부부사랑은 가족 사랑과 밀접한 관련을 맺고 있는데, 이는 아마도 조선 후기에 가족주의가 강화되었기 때문인 듯합니다. 문벌 사회의 도래로 집안이 중요해지면서 남성들도 이제 가족을 중시하지 않을 수 없었던 것입니다. 그 대표적인 사례로 이광사와 박지원을 들 수 있습니다.”

정 교수의 다소 긴 설명이 끝나자마자, 이 기자가 여느 때처럼 상당히 날카로운 어조로 말하였다.

“교수님, 조선시대 부부사랑이 의외로 개방적이고 인간적이었다는 것은 사실인 듯합니다. 하지만 조선시대에 그러한 부부사랑을 실천한 사람들이 과연 얼마나 되겠습니까? 극히 일부에 지나지 않는 모습을 일반적인 것으로 보기에는 무리가 있지 않겠어요? 또 우리는 그들의 한계에 대해서도 분명히 지적해야 할 듯해요. 특히 양반 남성들의 축첩 문제는 분명히 짚고 넘어가야 하지 않을까요?”

“물론 여기서 지적한 조선시대 부부사랑의 비결은 당시의 일반적인 모습은 아니었습니다. 우린 단지 근본 원리만 얘기했던 것입니다. 다시 말해 조선시대 이상적인 부부상이라 할 수 있죠. 그리고 양반 남성들의 축첩 문제 역시 분명한 역사적 한계였습니다. 대신 앞에서 얘기한 것처럼 그들이 첩을 둔 것은 여색을 탐하거나 후사를 얻고자 한 것만이 아닌 생활상의 특수한 문제이기도 했다는 점을 기억해 줬으면 합니다. 더 나아가 조선시대 부부들도 집안일에 대한 무관심이나 남편의 외도 문제로 인해 치열한 부부싸움을 벌이기도 했고요."

마침내 이 기자가 고개를 끄덕이며 끝으로 한마디 더 해 줄 것을 요청하자, 정 교수가 웃는 얼굴로 짧게 말하였다.

"마지막으로 제가 당부하고 싶은 점은 부부사랑이란 늘 '현재진행형(-ing)'이라는 것입니다. 사실 결혼은 사랑의 완성이 아니라 시작에 불과합니다. 그러므로 끊임없이 부부가 사랑하는 법을 배우고 익히며 실천해서 조금씩 완성해 나가야 합니다. 그렇지 않으면 마치 화초처럼 머잖아 시들어 버리기 때문이지요. 그와 함께 상대방을 키워 주는 부부가 되었으면 합니다. 가정적으로든 사회적으로든, 남편만이 아닌 아내도 함께 크는 부부가 되었으면 한다는 것입니다."

"그런 사람만 있다면 저도 당장 결혼하고 싶어요. 호호호! 지난번에 약속했듯이 오늘은 제가 특별한 곳에서 맛있는 저녁 식사를 대접하고 싶습니다. 은혜에 보답하는 백화주도 곁들여서요."

"하하하! 이빙허각처럼 백화주를 대접하고 싶다는 걸 보니, 이 기자도 이번 역사 인터뷰를 통해 깨달은 바가 많았나 보군요."

정 교수는 서둘러 가방을 챙겨 들고 평소보다 조금 일찍 퇴근하였다.

참고문헌

간호윤, 《당신, 연암》, 푸른역사, 2012

강한영 교주, 《한국판소리전집》, 서문당, 1973

강혜선, 〈막내딸이 보낸 수박씨〉, 《문헌과 해석》 63, 2013년 여름호

국립중앙박물관, 《조선시대 풍속화》, 2002

국사편찬위원회, 《혼인과 연애의 풍속도》, 두산동아, 2005

권오봉, 《퇴계선생일대기》, 교육과학사, 1997

권현정, 《조선의 사랑》, 현문미디어, 2007

김남이, 〈부부의 인연, 사우의 길〉, 《우리 한문학과 일상문화》, 소명출판, 2007

김병일, 《퇴계처럼》, 글항아리, 2012

김동욱, 〈퇴계가 등장하는 성소화〉, 《문헌과 해석》 50, 2010년 봄호

김동주 편역, 《매화는 피리소리에 취하여 향기롭구나》, 전통문화연구회, 1997

김일근, 《언간의 연구》, 건국대 출판부, 1986

김영진, 〈효전 심노숭 문학 연구〉, 고려대학교 대학원 국어국문학과 석사학위논문,
    1996

노대환, 《소신에 목숨을 건 조선의 아웃사이더》, 역사의아침, 2007

래리 고닉, 이창식 옮김, 《인류의 역사》 1·2, 고려원미디어, 1992

민족문학사연구소 고전문학분과, 《한국고전문학작가론》, 소명출판, 1998

박무영 외, 《조선의 여성들, 부자유한 시대에 너무나 비범했던》, 돌베개, 2004

박옥주, 〈빙허각이씨의 《규합총서》에 대한 문헌학적 연구〉, 《한국고전여성문학연구》
    창간호, 한국고전여성문학회, 2000

박정혜, 《고전 속 혼인 엿보기》, 성신여대 출판부, 2012

박종채, 박희병 옮김, 《나의 아버지 박지원》, 돌베개, 1998

박지원, 박희병 옮김, 《고추장 작은 단지를 보내니》, 돌베개, 2005

박희병, 《연암을 읽는다》, 돌베개, 2006

백승종, 《대숲에 앉아 천명도를 그리네》, 돌베개, 2003

서거정, 이내종 역주, 《태평한화골계전》, 태학사, 1998

신호열·김명호 옮김, 《연암집》 상·중·하, 돌베개, 2007

심노숭, 김영진 옮김, 《눈물이란 무엇인가》, 태학사, 2001

안대회, 〈심노숭의 소품문〉, 《현대시학》 2004년 3월호

_____, 《한국의 고전을 읽는다》 3, 휴머니스트, 2006

양진건, 《제주 유배길에서 추사를 만나다》, 푸른역사, 2011

이광식, 《우리 옛시조 여행》, 가람기획, 2004

유홍준, 《김정희》, 학고재, 2006

이상국, 《추사에 미치다》, 푸른역사, 2008

이상훈, 《성남인물지》, 성남문화원, 2010

이수광, 《조선을 뒤흔든 16가지 연애사건》, 다산초당, 2007

이신복, 〈김삼의당 한시교〉, 《한문학논집》 2, 단국대 한문학회, 1984

이영춘, 《강정일당》, 가람기획, 2002

이윤우, 《숨어있는 역사의 한뜸》, 영진닷컴, 2006

이진선, 《강화학파의 서예가 이광사》, 한길사, 2011

이혜순, 《조선 후기 여성지성사》, 이화여대 출판부, 2007

이혜순·정하영, 《한국 고전 여성문학의 세계》(한시편), 이화여대 출판부, 1998

_____, 《한국 고전 여성문학의 세계》(산문편), 이화여대 출판부, 1998

임방, 김동욱·최상은 공역, 《천예록》, 명문당, 1995

장덕순, 《낮잠 자는 사위들》, 한울, 1992

전송렬, 《옛사람들의 눈물》, 글항아리, 2008

정석태, 《안도에게 보낸다》, 들녘, 2005

정양완, 《규합총서》, 보진재, 1975

_____, 《강화학파의 문학과 사상》 2, 한국정신문화연구원, 1995

정운현,《정이란 무엇인가》, 책보세, 2011

정창권,《홀로 벼슬하며 그대를 생각하노라》, 사계절, 2003

_____,《향랑, 산유화로 지다》, 풀빛, 2004

_____,〈양성평등의 관점에서 본 한국여성사〉,《시민인문학》17, 경기대 인문과학연구소, 2009

_____,《역사 속 장애인은 어떻게 살았을까》, 글항아리, 2011

정해은,《조선의 여성 역사가 다시 말하다》, 너머북스, 2011

차옥덕,〈김삼의당의 수필세계〉,《한국 고전소설과 서사문학》(上), 집문당, 1998

함영대,〈인륜의 시작 만복의 기원〉,《문헌과 해석》44, 2008년 가을호

홍윤표,《한글이야기》1, 태학사, 2013

찾아보기

조선의 부부에게 사랑법을 묻다

- ⊙ 2015년 3월 1일 초판 1쇄 발행
- ⊙ 2016년 11월 10일 초판 4쇄 발행
- ⊙ 글쓴이   정창권
- ⊙ 펴낸이   박혜숙
- ⊙ 영업 · 제작   변재원
- ⊙ 펴낸곳 도서출판 푸른역사
  우) 03044 서울시 종로구 자하문로8길 13
  전화: 02)720-8921(편집부) 02)720-8920(영업부)
  팩스: 02)720-9887
  전자우편: 2013history@naver.com
  등록: 1997년 2월 14일 제13-483호

ISBN   979-11-5612-038-4   03900